Restart의 원리로 미래를 여는 교회

| 서길원 지음

교회성장연구소

미래를 여는 교회를
고대하며

세상의 흐름이 바뀌어도 너무 바뀌었다. 20대나 10대와 그들을 대하면 전혀 다른 인종(?), 전혀 다른 문화를 만나고 있는 것 같다. 거꾸로 그들은 '나를 보면 얼마나 뒤떨어졌다고 생각할까?'라는 생각을 하면 등골이 오싹해진다. 전혀 다른 문화가 이미 다가와 있다. 이해할 수도, 받아들이기도 쉽지 않다.

이런데 교회의 현실은 어떠한가? 일단 교회라는 공동체는 변해서는 안 되는 본질이 있다. 그것 때문에 뒤떨어져 보이는데다가, 구성원들이 다양하여 쉽게 변화시키기도 힘들다. 거기에 많은 교회들이 바꾸려는 의지도 약하다.

이런 연유로 인해 이 땅의 교회들이 많이 위축되고, 세상으로부터 많은 손가락질을 받고 있는 것도 일면 사실이다. 그러나 상황이 어떠하든지 교회는 미래를 열어 앞으로도 이 땅을 하나님의 나라로 만들며 많은 영혼들을 죄로부터 구원해야 한다.

이런 고민을 하며 신학대학원에서 〈구약과 목회〉라는 과목을 가르치며 미래교회를 연구하게 되었다. 33년간의 목회를 뒤돌아보며 교회의 본질과 목회의 본질을 정리하게 되었다. 그러던 참에 감리교회 기관지인 「기독타임즈」에서 〈Ministry〉면의 글을 써달라는 부탁을 받아 지난 1년간 글을 기고하게 되었다. 교회와 목회의 본질에 어떻게 새 옷을 입혀 미래를 열어 갈 수 있을까 고민하며 써낸 글들이다.

신문의 기고가 마무리될 때쯤 교회성장연구소의 김형근 본부장님을 만나게 되고 대화를 나누는 중 책으로 엮어내자는 제안을 하여 이 책이 나오게 되었다. 이 책의 뿌리는 교회성장연구소에서 2008년 초판을 내고 6쇄를 발행한 『리메이크로 거듭나는 교회』이다.

이 책은 창립 60년이 된, 오래되었다면 오래된 빛가온교회(구. 상계교회)의 목회자들과 성도들이 함께 쓴 것이다. 함께 고민하였고, 함께 씨름하여 만들어진 추출물이기 때문이다. 전통교회가 변화하기가 힘들다고들 하지만 우리 빛가온 공동체는 담임목사의 새 옷을 입히는 몸부림에 잘 동참하여 주었다. 그 결과 450명이 2000명 출석하는 교회로 성장하게 되었다. 지금은 그 부흥의 열기를 한국교회를 살려보자고 13년째 초교파적으로 미자립교회 자립운동에, 8년째 전국 청소년들을 매년 3000명 초청하여 한국의 미래 100년을 이끌 인재로 키워 내는 일에 쏟고 있다. 빛가온교회(구. 상계교회)는 또 한 번의 도약을 위해 미래비전센터 새 교회당을 짓고 있다. 새 교회당에서 새 일을 우리는 반드시 일으킬 것이다.

내가 사랑하는 한국교회가 다시 뛰었으면 좋겠다(restart). 다시 뛰지만 본질에 충실했으면 좋겠다(principle). 그리고 한국교회의 미래를 열어가기를 진심으로 바란다. 그래서 이 책의 제목을 『Restart의 원리로 미래를 여는 교회』라고 정했다. 교회성장연구소에서는 '목회의 교과서', '사역의 정석'이라는 제목으로 내자고 제안했지만 너무 건방진 것(?) 같고, 그만한 수준도 못되어서 사양했다.

이 책이 미래를 열고 싶어 노심초사하는 신학도, 목회자, 평신도 리더들에게 조금이라도 도움이 되었으면 감사하겠다. 작금의 교회와 미래의 교회는 목회자와 성도들이 함께 만들어 가야 한다. 힘을 합해도 힘겨운 것이 사실이다. 성도들이 사역의 원리를 알고 '왕 같은 제사장'으로 살아가야 한다. 성도들에게 정말 부탁하고 싶다. "구경꾼에 머무르지 말고 사역자가 되라!" 관중은 관람비를 내야 하지만 선수는 선수로서 개런티가 있다. 사역해야만 이 땅에서 거룩한 영향력을 끼칠 수 있고 하늘의 상급이 있는 것이다. 목회자들도 성도들을 관중으로 만들지 말고 사역의 길을 훈련하며 사역의 길을 열어 주어야 한다.

이 책을 발간하며 특별히 감사할 것이 있다. 목사 안수 받은 지 30년, 결혼한 지 30년이 되었기 때문이다. 그간 함께해 준 반암교회, 3사단 22연대와 26사단 75연대 교회, 임마누엘교회와 하늘문교회, 청양교회와 빛가온교회(구. 상계교회) 장로님들과 성도들에게 눈물로 감사를 표한다.

그리고 지난 30년간 묵묵히 뒤를 감당하여 주어 오늘을 만들어 준 아내에게 진심으로 감사를 보낸다. 요즈음 체력이 달려 힘들어 하는 아내를 보면 참 많이 미안하다. 선물이 될지 모르지만 결혼 30주년 기념으로 이 책을 아내에게 바친다.

그리고 무엇보다도 부족한 것을 불러 써주신 하나님께 온몸을 다해 감사 이상의 찬양과, 앞으로 더 잘하겠다는 다짐을 드린다.

이 책이 나오기까지 수고해 준 교회성장연구소 김형근 본부장님을 비롯한 임직원 여러분께 감사를 드리고, 우리 교회 부교역자들과 이하예진 간사에게 고마움을 표한다.

빛가온교회(구. 상계교회)
서길원 목사

목
차

Restart의 원리 셋
부흥의 정석

Restart의 원리 넷
다음 세대 사역을 '다시' 해야 한다

목
차

리더가
'다시'
서야 한다

리더가 '다시' 서야 한다

믿음부터 변화되어야 한다

사람들에게 정말 중요한 것은 '믿음'이다. 믿음은 해석의 능력이기 때문이다. 즉, 사람들은 믿는 대로 해석한다. 예를 들어, '된다'고 믿는 사람은 어떠한 상황에서도 되는 방향으로 해석하며 되는 길만을 찾는다. 그래서 그의 미래는 되는 길이 열리게 된다. 그와 반대로 '안 된다'고 믿는 사람은 직면한 상황과 환경 가운데 안 될 이유만을 찾는다. 그래서 그의 미래는 결국 안 되고야 만다. 예수님은 말씀하셨다.

네 믿은 대로 될지어다 (마 8:13)

많은 사람들이 여러 상황과 여건을 핑계 삼아 안 된다고 투덜대지만, 결단코 아니다. 흔히 상황이나 일어나는 사건으로 인해 내 운명이 결정된다고 생각하지만, 내가 가진 믿음대로 나의 미래가 만들어진다.

이 법칙은 교회와 목회에도 그대로 적용된다. 즉, 목회자의 믿음이 교회 성도들의 믿음이 되고 그 믿음이 교회를 만드는 것이다.

나는 첫 목회를 1986년에 충남 논산군 양촌면 반암리에 있는 반암교회에서 시작했다. 박정순 집사님의 작은 사랑방이 교회인 동시에 전도사 주택이었다. 처음 교회에 가 보니 4명이 모여 있었다. 감리사님도 "그 교회는 성장할 교회가 아니에요. 서 전도사는 군목에 갈 것이니 공부나 하다가 가세요."라고 하시면서 파송해 주신 교회였다. 한 달 사례비도 3만 원이었다. 그런데 나는 그 반암교회에서의 목회를 생각할 때마다 눈물이 날 정도로 감사하다. 그리워서도, 사랑을 많이 받아서도 아니다. 반암교회 사역으로 인해 내가 목회자로 갖추어야 할 믿음을 가질 수 있었기 때문이다.

만 2년 동안 그 교회에서 사역을 하게 되었는데, 글쎄 완전 초보 전도사인 나의 설교를 듣고 교인들이 은혜를 받는 것이 아닌가! 또한 기도하니 병자가 나았고 그때부터 전도가 되기 시작했다. 그리고 결국 2년 만에 작은 사랑방에서 마을회관으로, 마을회관에서 성전 건축이란 축복을 이루게 되었다.

나는 반암교회 사역을 통해 '나도 목회가 된다, 나를 통해서도 교회가 부흥된다, 나도 성전을 지을 수 있다!'는 믿음이 생겼다. 그리고 그러한 믿음이, 31년째 목회를 하는 지금까지도 내게 얼마나 큰 자산이 되었는지 모른다. 그 믿음으로 군목을 하면서도 부흥을 경험하며 2개의 교회를 세우고 1개 교회를 증축할 수 있었다. 또한 10년간의 부목사 시절에도, 청양교회와 지금의 빛가온교회(구. 상계교회)에서도 부흥을 일굴 수 있었다.

결국 목회도 믿음의 싸움이다. 그리고 교회 역시 믿음의 싸움이다. 믿음으로 우리의 시선을 주님께 맡기고 환난이 올수록 믿음의 고도를 높이면 승리의 주인공이 된다.

이는 우리가 믿음으로 행하고 보는 것으로 행하지 아니함이로라 (고후 5:7)

안타까운 것은 많은 목회자들과 교인들이 '이 시대는 전도가 안 되고, 목회가 안 된다!'라는 믿음을 갖고 있다는 것이다. 그러고는 안 되는 이유만을 이야기한다. 어느 지역은 감리교회가 안 되고, 사람 많은 도시라 노방 전도가 안 되고, 불신자들이 많이 사는 동네라 뜨거운 기도가 안 되고, 자녀들이 줄어 교회학교가 안 되고, 학원이 많아서 청소년부가 안 되고 등등 온통 안 되고 안 된다는 믿음의 행진(?)만이 눈에 띈다. 안타까운 현실이 아닐 수 없다.

그러나 어느 시대에는 목회의 여건이 좋았는가. 그렇지 않다. 지금 우리는 세상의 소리만을 들으며 세상의 통계에 지배당하고, 마귀의 의심의 전략에 말려들고 있는 것이다.

하나님은 살아 계시며 세상보다도 크신 분이다. 하나님께 시선을 맞추고 하나님의 능력을 구하며 하나님이 부흥을 이루실 것을 믿고 나아가면, 이 시대에도 교회는 다시 뛸 수 있다.

> 그가 내게 대답하여 이르되 여호와께서 스룹바벨에게 하신 말씀이 이러하니라 만군의 여호와께서 말씀하시되 이는 힘으로 되지 아니하며 능력으로 되지 아니하고 오직 나의 영으로 되느니라 (슥 4:6)

믿음은 모든 사람에게 주어지는 것이 아니라, 믿는 자의 것이다. 믿지 않으면 아무 일도 일어나지 않는다. 축복과 교회 부흥은 목회자의 학벌이나 실력 이전에 믿음을 통해서 일어난다. 믿음이 없으면 가짜다. 믿음은 생각 이상이며 통계나 분석 그 이상이다. 하나님을 믿는 믿음, 하나님의 도우심을 믿는 믿음, 하나님이 동행하여 주심을 믿고 '나의 목회는 된다, 우리 교회는 부흥된다!'는 믿음을 가지고 다시 한 번 뛰어보자. 반드시 놀라운 일이 일어날 것이다.

믿음으로 영적 고도를 높여라

빛가온교회(구. 상계교회)는 13년째 한국의 미자립교회 자립화 운동에 힘을 쏟고 있다. 이 프로젝트는 해마다 대상 교회를 선발하여 목회자 부부에게 목회력을 공급하고, 선교비와 전도 물품 등을 마련하여 전달하며, 속회들이 직접 아웃리치를 통해 섬김으로써 1년 만에 장년 출석이 40여 명에 이르도록 지원하는 것이다.

금년에도 50개 교회를 선발하여 첫 모임을 가졌다. 1년 만에 자립을 이룬다는 것이 결코 만만치 않은 일임을 알기 때문에 우리 모두 긴장된 마음으로 모였다. 이 첫 모임에서 강사였던 나는 그곳에 참여한 목회자 부부들의 믿음을 다시 세우고 견고케 하는 작업을 하였다. 목회자 부부가 부흥의 믿음, 자립할 수 있다는 믿음을 갖지 않는 한 이 일은 결코 이뤄질 수 없기 때문이다. "네 믿음대로 될지어다"라는 예수님의 말씀처럼 우리는 자기가 소유한 믿음만큼 살고 사역하며 열매를 맛볼 수 있다. 앞에서 말한 대로 믿음은 해석의 능력이기 때문이다. '된다는 믿음'을 가진 자는 될 길만을 찾고, 안 된다는 믿음을 가진 자는 안 될 길만을 찾기에 결국 그의 미래는 믿음대로 펼쳐질 수밖에 없는 것이다.

'이 시대에도 전도가 된다, 이 시대에도 주님의 교회는 성장한다.'라는 믿음이 목회자들과 교우들의 마음에 없는 한, 절대로 교회는 자립되거나 부흥하지 않는다. 결국 교회의 믿음은 목회자의 믿음과도 같다. 영은 흐르기에, 강단에서 기도하고 말씀을 전하는 목회자의 믿음이 결국은 성도들의 믿음이 되고 성도들의 믿음이 그 교회의 믿음이 되는 것이다.

이 시대를 살아가고 있는 우리들은 너무 상황과 형편에만 맞춘 믿음의 양상을 소유하고 있는 건 아닐까? 상황과 형편을 뛰어넘는 것이 신앙생활인데도, 이러한 믿음의 양상 때문에 그 상황과 형편의 지배를 받고 있는 것이다.

우리는 이제 다시 상황보다도 더 크신 하나님께 시선을 둬야 하고, 인간의 논리보다 우월한 하나님의 약속의 말씀에 초점을 맞추어야 한다. 그러면 영적인 고도가 높아질 것이다. 바로 그때 하나님의 눈으로 세상을 보며 하나님의 마음으로 세상을 품고 하나님의 능력으로 세상에 맞대응하게 된다. 그 결과는 어떠하겠는가.

한국교회는 상황에 맞춘 믿음으로부터 벗어나야 한다. 형편에 맞춘 헌신으로부터 벗어나야 한다. 이제는 믿음의 영적 고도를 높이고 하나님의 사람들답게 발걸음을 내딛을 때이다. 그러할 때, 세상이 감당치 못하는 공동체가 될 것이며 세상이 교회의 품 안으로 들어오게 될 것이다.

우리 교회는 지금 교회를 건축 중인데, 빛가온교회(구. 상계교회)로서는 꽤 큰 공사다. 각 사람마다 반응이 매우 흥미로운데, 믿음으로 영적 고도를 높인 자들은 형편에 맞는 헌신이 아니라 믿음에 따라 최고의 헌신을 한다. 정말 안쓰러울 정도로 말이다. 분명한 것은, 그들은 이 건축을 통해 지금까지 맛보지 못한 새로운 축복을 경험하며 더 나은 내일을 향해 도전할 것이다. 그러나 믿음이 아니라 자기 형편에 맞추어 신앙생활을 하는 자들은 두려워하고, 불평한다. 그리고 지도자를 공격한다. 인간적으로 이해는 하지만 새로운 축복과 도전의 기회를 놓치는 그들을 보면 너무나 안타깝다.

> 이스라엘 자손의 온 회중에게 말하여 이르되 우리가 두루 다니며 정탐한 땅은 심히 아름다운 땅이라 여호와께서 우리를 기뻐하시면 우리를 그 땅으로 인도하여 들이시고 그 땅을 우리에게 주시리라 이는 과연 젖과 꿀이 흐르는 땅이니라 (민 14:7-8)

가나안 땅을 정탐한 뒤 "우리는 그들에 비하면 메뚜기와도 같아서 가나안 정복은 절대 불가능합니다!"라고 외치는 10명의 정탐꾼과 두려워하는 이스라엘 백성들 앞에 서서. "맞습니다. 우리는 그들 앞에 서면 매우 작은 자들입니다. 그러나 여기까지 오게 하신 분도 하나님이시고 저기로 가라고 하신 분도 하나님이 아닙니까? 그러니 하나님을 의지하고 올라갑시다."라고 말한 여호수아와 갈렙이 그립다.

입으로는 크신 하나님을 외치면서 머리로는 상황과 돈을 생각하는 어리석음을 범하지 말자. 그리고 형편에 따라 살지 말고 믿음으로 영적인 고도를 높이며 그 고도에 맞는 삶을 살아보자. 분명 우리 개인의 삶도, 한국교회도, 특히 사랑하는 조국의 감리교회도 다시 일어서게 될 것이다.

영적 권위를 회복해야 한다

2016년에 나는 『다시 교회가 된다』라는 책을 출간했다. 책을 만드는 마지막 단계에서 책 제목을 두고 출판사 담당자와 많은 대화가 오갔다. 나는 '교회'란 단어가 꼭 들어가기를 바랐지만, 출판사는 그 단어가 들어가면 책이 덜 팔릴 수 있으니 깊이 고려해 달라는 이야기였다. 결국에는 내가 고집을 부려 책 제목은 상기한 바와 같이 『다시 교회가 된다』로 결정되었다.

종종 다른 목사님들에게 충고 아닌 충고를 듣는다. "교회 이야기는 그만하고 개인의 영성, 개인 성화에 대해서 이야기하라"고. 그러나 교회란 그릇이 없이는 그 귀한 것들이 오래 가지 못한다.

정말이지 교회를 살려야 한다. 한 개인인 아브라함을 통해 믿음의 씨를 뿌리신 하나님께서, 한 민족 이스라엘을 통해 하나님 나라를 보여 주려 하셨고, 예수 그리스도가 오신 이후 교회라는 공동체를 통해 온 세계

복음화를 이루려고 계획하셨다. 그러므로 세상의 어떤 유혹에도 교회는 살아 있어야 한다. 특히 내가 속해 있는 한국교회, 내가 사랑하는 한국 감리교회는 반드시 다시 일어나야 한다. 그리고 다시 달려 나가서 이 사회와 역사를 향한 시대적 사명을 감당하며 이 땅에 하나님의 나라를 실현해야 한다. 그것이 하나님의 분명한 뜻이며 준엄한 명령이다.

교회가 다시 일어나기 위해서는 교회가 어떤 공동체인지 그 정체성을 분명히 해야 하고, 다시 세울 수 있다는 믿음으로 영적 고도를 높여야 한다고 했다. 그리고 또 하나, 교회는 주님의 교회로서의 영적 권위를 회복해야 한다.

노력은 해야겠지만 교회는 절대로 완전한 윤리적 공동체가 될 수 없다. 단언컨대, 세상 모든 사람들에게 박수 받는 온전한 윤리적 공동체가 될 수는 없다. 죄인들이 모인 공동체인데 그것이 가능하겠는가. 사람마다 시각이 다른데 하나가 될 수 있겠는가. 결단코 그럴 수 없다. 모세가 이끈 공동체도, 바울이 이끈 공동체에도 문제점이 많았다.

그러나 그것이 가능할 때가 있었으니, 출애굽 당시 하나님이 직접 일하실 때 그분의 위엄 앞에 모두가 하나 될 수 있었다. 초대교회 당시, 성령의 강림으로 인해 하나님이 직접 일하심이 드러날 때, 그들은 유무상통할 수 있었고 서로를 배려했으며 가난하고 병든 자들을 형제로 여기며 사랑할 수 있었다.

바로 이 대목에서 우리는 한국교회를 일으키기 위한 큰 단서를 얻어야한다. 사회 구제도 좋고, 장학사업도 좋고, 착한 윤리 실천운동도 좋지만교회는 먼저 영적 공동체가 되어야 한다는 점이다. 즉, 하나님의 살아 계심을 참으로 믿고 그분을 진정으로 구하여, 하나님이 오셔서 일하시도록자리를 내어 드려야 한다.

이를 위하여 우리가 해야 할 일이 있다. 영적 세계나 초월적 세계, 즉하나님의 신비를 인정하는 믿음이 필요하다. 그러나 의외로 한국교회는이러한 면의 믿음을 많이 도외시하고 있다.

내 가슴을 뜨겁게 하는 성경말씀이 있다. 이는 초월적인 세계, 하나님의 신비를 인정하는 자들에게 어떤 일이 일어날 수 있는지에 대한 약속의 말씀이다.

여호와께서 모세에게 이르시되 볼지어다 내가 너를 바로에게 신 같이 되게하였은즉 (출 7:1)

내가 진실로 진실로 너희에게 이르노니 나를 믿는 자는 내가 하는 일을 그도 할 것이요 또한 그보다 큰 일도 하리니 이는 내가 아버지께로 감이라(요 14:12)

한국교회의 목회자들과 성드들은 다시 죽을 만큼 기도해야 한다. 목이 터져라 하나님을 구하며, 하나님의 영광의 임재와 성령의 일하심에 목말라해야 한다. 짧은 지성과 경험, 전통 안에 하나님을 가둬 두지 말고 성령님께서 자유롭게 일하시도록 초청하며 그분의 능력으로 교회를 다시 세워야 한다.

교회가 세상에 줄 수 있는 유일무이한 것은 바로 '영적인 파워'다. 이것은 세상이 흉내 낼 수 없으며, 마귀를 정복하는 진정한 길이다. 사랑하는 나의 조국, 대한민국의 교회들이 다시 하나님의 살아 계심과 그분의 크신 능력을 인정하고, 그 능력을 죽을힘을 다해 구함으로써 영적 권위를 회복하길 두 손 모아 기도한다.

목회자에게 필요한
세 가지 시각

반드시 된다는 믿음

목회자의 믿음이 교회 성도들의 믿음이 되고, 그 믿음이 교회를 만든다.

영적 고도 높이기

하나님께 시선을 맞추고 능력을 구하며, 하나님이 부흥을 이루실 것을 믿고 나아가라.

영적 권위의 회복

하나님의 살아 계심을 참으로 믿고 그분을 진정으로 구하여, 하나님이 오셔서 일하시도록 자리를 내어 드리는 영적 공동체가 되어라.

영혼 구원이 '강조' 되어야 한다

영혼 구원이 '강조'되어야 한다

1. 전도와 심방을 통해 영혼 구원에 힘쓰라

전도하는 교회가 되는 첫걸음

"'전도하라', '헌금하라' 이런 소리만 하지 않으면 교회 나갈게요." 현대 교인들의 자화상을 잘 표현한 말이 아닌가 싶다. 이 말을 잘 곱씹어 보면 영락없는 마귀의 음성이다. 전도는 영혼을 구원하는 일이며, 전도 없는 하나님 나라 확장은 불가능하다. 자본주의 사회에서 가장 귀하게 여기는 돈에 대해서, 헌금을 통해 넘어서지 않는 한 진정한 헌신은 불가능하다. 그럼에도 우리는 교회성장주의, 물질만능주의라고 비판하면서 교묘하게 이 중요한 언덕을 비켜 가려고 한다. 그러나 참된 신앙생활을 하려면 이두 언덕을 반드시 넘어야 한다.

그중 먼저 넘어야 할 언덕은 전도인데, 문제는 전도가 쉽지 않다는 것이다. 어려워서 그런지 시도도 하지 않고 안 된다고 단정하는 것도 모자라, '이 시대에는 전도가 안 돼!'라는 믿음까지 설정해 버리고 말았다. 들어보면 안 되는 이유도 참 많다. '인구가 줄어서, 우리 동네는 타 종교가 많아서, 목회자들이 교회의 이미지를 망쳐 버려서, 전도하면 욕먹어서, 우리 지역은 감리교회는 별로…' 등등 구구절절한 이유도 많다. 이렇게 많은 이유를 대며 안 된다고 믿는데, 전도가 될 턱이 있겠는가. 주님도 "네 믿음대로 될지어다"라고 말씀하지 않으셨던가. 믿음의 원리는 참 오묘해서 된다고 믿으면 되는 길을 찾아가서 결국 되고, 안 된다고 믿으면 안 될 이유와 핑계를 찾아 안 되는 길을 가서 결국은 안 된다.

전도하는 교회가 되려면 '안 된다는 믿음'을 '된다는 믿음'으로 바꿔야 한다. 내가 섬기는 빛가온교회(구·상계교회)에 부임했을 때, '전도가 안 되는 교회'임을 단번에 알 수 있었다. 1년에 46명이 새가족으로 등록하는 교회, 그러니 새가족이 한 주에 한 명도 없을 때도 있었다. 그러나 지난 13년간 단 한 주도 새가족 등록이 없었던 주일이 없었고(이 기록은 내가 은퇴할 때까지 깨지지 않기를 기도한다), 지금은 1년에 700명 정도 등록하는 교회가 되었다. 어떻게 전도가 안 되는 교회가 '전도가 되는 교회'로 변할 수 있었을까?

빛가온교회(구. 상계교회)를 전도하는 교회로 만들기 위한 첫걸음은 '믿음 바꾸기'였다. 믿음은 들음에서 난다고 하지 않았는가. 그래서 나는 성도들에게 두 가지를 끊임없이 선포하였다. 하나는 '전도하여 영혼 구원하는 것이 교회의 본질 중에 본질'이라는 선포였다. 교회는 구제 공동체, 복지 공동체 이상이다. 물론 구제도 해야 하고 장학 사업이나 복지에도 힘써야 하지만 그 모든 것은 결국 영혼 구원의 열매로 이어져야 한다. 한국 교회는 사회로부터 여러 가지 도전을 받으면서, 이 대목에서 우선순위를 놓친 것이 아닌가 싶다. 그래서 '우리가 이렇게 사회 봉사하니 욕하지 말아 달라'고 애원(?)하고 있는 것은 아닌지 모르겠다. 그러나 영혼 구원을 통해 하나님의 자녀가 되어야 모든 문제를 스스로 넘어설 힘이 생긴다. 영혼 구원이 교회의 본질이라는 것은 양보할 수 없기에, 이것을 정말 끈질기게 선포하였다.

하나님은 모든 사람이 구원을 받으며 진리를 아는 데에 이르기를 원하시느니라 (딤전 2:4)

영혼 구원을 통해 하나님의 자녀가 되어야 모든 문제를 스스로 넘어설 힘이 생긴다. 영혼 구원이 교회의 본질이라는 것은 양보할 수 없다. 이것을 정말 끈질기게 선포하였다.

그 다음은 '전도의 축복'에 대한 선포였다. 대부분의 사람들은 전도는 전도 받는 자를 위하여 하는 거라고 생각한다. 한발 더 나아가 조금 더 영악하신(?) 분들은 전도하면 교회가 성장하여 목회자가 사례비를 더 받고 좋은 차도 탈 수 있으니 목회자를 위해 전도하는 거라고 생각한다.

그러나 전도는 '나도 살고 너도 사는 생명 운동'이다. 전도해야 내 영혼이 생명력으로 충일되고 더 단단해지며 더욱 성숙해진다. 즉, 전도는 너도 살지만 나도 사는 축복인 것이다.

또한 전도는 '능력 운동'이다. 영혼 구원이 이루어지는 곳에 하나님의 시선과 관심이 집중된다. 선교장인 마가복음 16장이나 사도행전을 보라. 전도의 현장에는 항상 주님의 기적이 따랐다.

또 이르시되 너희는 온 천하에 다니며 만민에게 복음을 전파하라 믿고 세례를 받는 사람은 구원을 얻을 것이요 믿지 않는 사람은 정죄를 받으리라 (막 16:15-16)

이스라엘 사람들아 이 말을 들으라 너희도 아는 바와 같이 하나님께서 나사렛 예수로 큰 권능과 기사와 표적을 너희 가운데서 베푸사 너희 앞에서 그를 증언하셨느니라 (행 2:22)

오늘도 선교의 현장, 전도하는 교회에는 수많은 기적과 표적이 나타난다. "전도하는 곳에는 주님의 능력이 나타난다"고 자신 있게 말할 수 있다. 전도는 분명 주님의 능력을 맛보는 축복이다. 주님의 능력을 맛볼 때, 얼마나 기쁜 인생이 되는지 체험한 사람들은 알 것이다.

마지막으로 전도는 '기쁨 운동'이다. 전도하면 전도 받은 인생, 가정, 공동체, 지역이 기쁨으로 가득해진다. 세상이 줄 수 없는 하늘의 기쁨이 임하기 때문이다. 내가 청양교회 목회를 할 때 150명에서 40개월 만에 읍민의 10% 정도 되는 800명이 전도가 되는 축복을 누렸다. 그때 절망의 그림자가 드리웠던 한 도시가 얼마나 기쁨으로 가득해질 수 있는지를 체험했다.

정말이지 전도는 어려운 만큼 큰 축복이다. 나는 지금도 일 년에 몇 번은 이 전도의 축복에 대해 설교한다. 신기하게도 전도가 교회의 본질이고 전도는 축복이라는 말씀을 끊임없이 전하니 성도들의 가슴에 전도에 대한 열정의 샘이 터져 나오기 시작했다. 모든 목회자들과 성도들은 정말 크게 그리고 간절히 외쳐야 한다. "전도는 교회의 본질이며, 전도는 축복이다!"

노방 전도를 통해 영적인 야성을 키워라

교회 부흥의 가장 큰 요소는 전도다. 전도하지 않는 한, 교회는 절대로 부흥하지 않는다. 미련해 보여도 전도해야 한다. 문제는 많은 교회들이 이러한 전도의 중요성을 알고는 있지만 성공하지 못한다는 것이다. 왜 그럴까?

그 첫 번째 이유는 교회가 사회의 변화에 대처하지 못하기 때문이다. 그로 인해 교회는 더 이상 사회에 지도력을 발휘할 수 없게 되었다. 에디 깁스는 그의 책 『Next Church』에서 다음과 같이 말했다. "모든 교회가 잠재적으로 한 세대 이전에 멸종될 가능성이 있다. 10년 전만 해도 젊은이들이 교회는 부정해도 예수님에 대해서는 받아들였다. 그러나 지금 많은 젊은이들은 더 이상 예수님이 그 중심의 자리에 없는 인본주의적 영성을 추구한다." 세상은 무신론적 사회로 접어들었는데 교회는 아직도 옛것을 고수하며 새로운 대책을 내놓지 못하고 있다.

두 번째 이유는 우리의 패배주의 때문이다. '이 시대에는 전도가 안 된다. 노방 전도는 끝났다.'는 식의 사고로 아무 시도조차 하지 않는 것이다. 이렇게 패배의식을 갖는 한, 한발도 앞으로 내딛을 수 없다. 어느 시대고 전도가 쉬웠던 적은 없었다. 초대교회는 전도하려면 목숨을 걸어야 했으니, 그 상황보다는 훨씬 낫지 않은가!

세 번째 이유는 교회가 실제로 전도를 하지 않기 때문이다. 전도를 잘하는 가장 좋은 방법은 전도를 직접 해보는 것이다. 실습보다 더 큰 교육은 없다. 처음부터 잘할 수 있는 사람도 많지 않다. 이 같은 문제점을 극복하기 위한 첫걸음은 무엇일까? 나는 '노방 전도'라고 생각한다. 복음화율이 20%가 넘으면 노방 전도가 잘 안 된다는 것을 안다. 또한 노방 전도에 대한 비판의 여론이 많은 것도 안다. 그럼에도 우리는 노방 전도를 해야 한다.

그 이유가 몇 가지 있는데, 하나는 노방 전도를 하다 보면 반드시 전도를 기다리는 영혼이 있기 때문이다. 인간은 영적인 존재이기 때문에 영적인 갈급함이 생겨 주님의 복음을 기다리고 있는 것이다. 또 하나는 노방 전도를 통해 교회가 알려지기 때문이다. 우리 교회는 구도심지 안쪽에 있어서 알리지 않으면 있는지조차 몰랐다. 가장 중요한 마지막 이유는, 노방 전도를 하는 성도들에게 영적인 야성이 생기기 때문이다. 야성은 현장에서 생긴다. 노방 전드를 하면서 전도하는 내 안에 복음이 간결하게 정리되어 분명해지고, 내가 믿는 복음과 교회가 자랑스러워지며, 불신자들을 대할 용기가 생기는 것이다. 오늘날 우리 그리스도인들에게 정말 필요한 것은 이러한 영적인 야성과 전투력이 아닐까.

하나님의 자녀인 우리는 이미 세상보다 크신 성령을 모신 영적인 사자들(Lions)이다. 그런데 그것을 모르고 우리는 세상의 눈치를 보며 마귀를 두려워한다.

유다는 사자 새끼로다 내 아들아 너는 움킨 것을 찢고 올라갔도다 그가 엎
드리고 웅크림이 수사자 같고 암사자 같으니 누가 그를 범할 수 있으랴
(창 49:9)

노방 전도는 전도의 회복을 위한 아주 중요한 관건이다. 그렇다면 어
떻게 시작해야 할까? 전도의 중요성과 축복에 대한 설교를 들으면 전도
의 은사가 있는 사람들이 드러난다. 그러면 목회자들은 시간을 정하고
그들을 모이게 해야 한다. 전도를 나가기 전에 30분간 찬송하고 말씀을
전하고 뜨겁게 기도하게 한다. 구호를 정해 외치는 것도 좋다. 그러면 영
적인 담대함이 주어진다.

그리고 팀을 짜서 같은 시간, 같은 장소에 나가 전도하게 한다. 팀을
짤 때는 전도의 경험이 있거나 전도의 은사가 있는 이들과 그렇지 못한
이들을 조합해 팀을 구성해야 한다. 요즘에는 일대일 전도는 어렵다. 다
대일 전도가 좋다. 여러 명이 한곳에 모여 지나가는 사람에게 복음을 전
하는 것이다.

노방 전도도 단순히 전도지를 나누어 주는 것에서 탈피하여 다양한
방법을 시도하는 것이 좋다. 아침 출근길 전도자들에게는 삶은 계란과

따뜻한 차 한 잔 전하기, 등굣길 학생들에게는 인형 탈을 쓰고 간식을 나눠 주며 사진도 찍어 주고 따뜻하게 안아 주며 용기 주는 말 해주기, 동네 공원에서 공연하며 전도하기, 예비군들을 초청하여 훈련장 제공하고 전도하기, 부침개 전도, 노인정 섬기기 전도, 등산길 입구 전도, 운동 모임 전도 등 생각만 해도 근사하지 않은가. 생각을 조금만 바꾸면 전도의 길이 보인다.

노방 전도 후에는 함께 모여서 노방 전도를 통해 받은 연락처를 정리하고, 노방 전도를 하면서 받은 은혜를 나누는 것이 좋다. 그래야 은혜가 충만해져서 지치지 않게 된다. 또한 노방 전도는 성공자보다 실패자가 더 많을 수 있기 때문에 서로 나누는 은혜를 통해 다시 나갈 힘을 얻게 된다.

참으로 전도하기 어려운 시대인 것은 분명하다. 그러나 이럴 때일수록 '가장 미련해 보이는 노방 전도의 카드'를 다시 한 번 써 보면 어떨까. 반드시 영적인 전투력과 야성이 생기는 축복을 맛보게 될 것이다. 이때 생긴 전투력과 야성을 가지고 관계 전도를 하면 전도의 열매가 맺히게 된다.

전도 작정 카드

소속 :   교구   목장 작정자 :   (직분 :   )

교회 제출용

우선 순위	전도 대상자	관계 (해당란에 ○ 표시)	거주지	전화	연령	성별
1		가족( )친척( )친구( ) 이웃( )직장( )고객( )				남 여
2		가족( )친척( )친구( ) 이웃( )직장( )고객( )				남 여
3		가족( )친척( )친구( ) 이웃( )직장( )고객( )				남 여
4		가족( )친척( )친구( ) 이웃( )직장( )고객( )				남 여
5		가족( )친척( )친구( ) 이웃( )직장( )고객( )				남 여

------------------------------- 절취 선 -------------------------------

개인 보관용

우선 순위	전도 대상자	관계 (해당란에 ○ 표시)	거주지	전화	연령	성별
1		가족( )친척( )친구( ) 이웃( )직장( )고객( )				남 여
2		가족( )친척( )친구( ) 이웃( )직장( )고객( )				남 여
3		가족( )친척( )친구( ) 이웃( )직장( )고객( )				남 여
4		가족( )친척( )친구( ) 이웃( )직장( )고객( )				남 여
5		가족( )친척( )친구( ) 이웃( )직장( )고객( )				남 여

관계 전도를 통해 열매를 맺어라

전도는 너도 살고 나도 사는 생명 운동이며, 능력 운동이고, 기쁨 운동이라고 했다. 문제는 전도가 축복이라는 것을 알지만 전도가 쉽지 않다는 것이다. 이 어려운 전도를 잘하기 위해서는 노방 전도를 통해서 야성을 키워야 한다. 그러나 야성을 키우기만 해서는 열매가 없다. 열매는 그 야성과 전투력을 가지고 관계 전도에 임해야 맺혀진다.

관계 전도란 한 사람을 향해 복음을 전하는 것이다. 즉, 한 사람에게 구체적으로 복음을 전하여 구원받게 하는 것이다. 열매는 여기에 있다. 그렇다면 어떻게 관계 전도를 해야 하는가?

관계 전도의 첫 번째 발걸음은 '기도'다. "하나님 내 주변에 믿지 않는 자들, 즉 전도할 자가 누가 있나요?"를 묻는 기도이다. 이 기도를 집중적으로 할 때, 하나님은 전도할 자를 생각나게 하시는데, 이때 대부분 마음에 3명 정도 생각나게 해주신다. 전도의 대상자가 결정되는 순간이다.

관계 전도의 두 번째 발걸음은 그 3명을 위해 집중적으로 '중보'하는 것이다. 이때 영이 통할 정도로 기도해야 하는데, 며칠이 될 수도 있고 몇 달이 걸릴 수도 있다. 어느 순간에 하나님이 영적으로 통했다는 느낌을 주시면서 전도할 자신감도 주실 것이다. 이 기도는 집중적으로 하는 것이 중요하다. 그렇지 않으면 영적인 느낌이나 자신감이 주어지지 않고, 도리어 의심과 염려가 우리를 짓누르게 된다.

관계 전도의 세 번째 발걸음은 '섬기기'이다. 마음을 주신 자들을 잘 섬겨야 그들의 마음이 옥토가 된다. 길가에 아무리 씨를 뿌려도 싹이 나지 않지만, 옥토에 씨가 떨어지면 30배, 60배, 100배의 열매가 맺힌다. 사람의 마음에는 자갈이나 잡초나 가시가 많다. 그 마음을 옥토로 만들기 위해서는 섬김이 필요한 것이다. 섬김을 받으면 마음이 부드러워진다.

섬기는 데에도 중요한 기술이 있다. 바로 101%의 원리다. 이는 서로의 1%의 공통점을 찾아서 100%의 에너지를 쏟아붓는 것이다. 전도할 세 사람과 나와의 공통점을 찾아라. 자녀의 나이가 같거나, 고향이 같거나, 같은 학교 출신이거나, 같은 전공이거나 등등 찾으면 반드시 보인다. 그 공통점을 갖고 대화하며 섬김의 기회를 가지면 공감대가 형성되어 마음의 문이 열리게 된다.

마음의 문이 열렸을 때, 우리 가정으로 초청하여 함께 식사하고 차를 마셔라. 이때 너무 서둘러서는 안 된다. 불신자가 새 믿음을 갖는 것은 생각보다 힘든 일이다. 빨리 전도하고 싶어도 기다리는 마음으로 인내하며, 가까이하면서 예수 믿는 자의 행복한 삶을 보여 줘야 한다. 그러할 때 그들은 서서히 교회와 기독교인에 대한 부정적인 생각을 내려놓게 된다. 이때 가르치려고 하지 말고 예수님을 믿고 변한 나의 삶이나 교회에 다니면서 받은 축복을 겸손히 간증하는 것이 좋다. 간증은 공감하게 하는 능력이 크기 때문이다. 믿음은 들음에서 난다고 하지 않았던가!

그들에게 믿음이 들어가는 것을 느끼면 만남의 범위를 넓혀 소그룹 식구들과 사귐의 기회를 만들어야 한다. 그들과 사귀면서 교회와 복음에 대한 생경함을 극복하게 될 것이다. 혼자 섬기는 것보다 소그룹에서 여럿이 힘을 합쳐 섬기면 감동이 훨씬 크고 깊을 뿐만 아니라 힘도 덜든다.

그다음에는 교회로 인도하면 된다. 교회에 처음 나갔을 때, 자기를 알아주는 사람 6명만 있으면 그 사람은 그 교회를 떠나지 않는다는 통계가 나와 있다. 소그룹 식구들이 친구가 돼서 교회에 처음 나온 새가족을 엄호하고 축복해 준다면 그는 쉽게 정착할 것이다.

소그룹에서 이미 신앙적인 언어를 익혔기 때문에 설교자의 설교가 들리기 시작할 것이다. 낯설지 않은 것이다. 잘 정착해서 세례를 받고 교회의 사역자가 될 대까지 함께 격려해 주고 이끌어 준다면 좋은 믿음의 군사가 될 것이다. 이것이 바로 관계 전도이다.

그러면 우리는 얼마나 전도를 해야 할까? 씨 뿌리는 비유에 보면 기본이 100배이다. 조금 병들어도 60배, 아주 병들어도 30배는 맺는 것이 성경의 명령이다. 벼 한 알이 땅에 떨어져도 126알의 결실이 맺어진 다고 한다. 우리는 주님 앞에 갈 때까지 100배의 결실을 위해 힘써야 한다. 사람은 절대로 목표를 정한 것 이상은 살지 못한다.

예수님처럼 내 주변에 있는 불신자 세 사람부터 전도하자. 그들이 전 도하고 또 전도하면 100명은 시간문제일 것이다. 전도는 영혼을 구원 하는 일인데, 우리가 세운 목표는 너무 작다. 주님 앞에 가기 전까지는 어떻게 해서라도 100명은 감당하겠다는 목표를 세워 보자. 주님은 그 런 자에게 1000배의 복을 주신다.

새가족 관리 대장

등록 번호	이름	등록일	소속	심방자	심방내용	출석현황						
06-30	김순자	6. 2.	믿음	박민경	• 남편 핍박 중 • 관절염이 있음	2 / 6						

심방의 유익

양육 목회가 대두되면서 심방 목회는 점점 사양길로 접어들고 있다. 심방을 하지 않겠다고 선언한 교회들이 많이 나타나고 있는 것이다. 심방 목회가 사양길로 접어든 큰 이유는 교인들이 자신의 집을 공개하거나 사생활이 알려지는 것을 싫어하고, 맞벌이 부부가 늘어나면서 집에서 심방 받기가 곤란해졌기 때문이다. 또한 교인들이 늘어나 목회자의 손길이 구석구석 닿을 수 없는 현실이기도 하다. 그러나 아무리 상황이 어렵다 할지라도 목회에 있어서 교인의 사정을 파악하고 가정을 세우는 데 심방만큼 효과적인 것은 없다. 그런데도 심방을 구시대적인 목회의 유물로 치부해야 하겠는가.

심방(Visitation)이란 어렵고 힘든 상황에 있는 성도들을 돌보며 그들의 아픔과 처지를 들어주고 공유하며 기도해 주고 말씀으로 치유하는 사역이다. 성경은 다음과 같이 성도들을 실제적이고 세밀하게 돌볼 것을 가르치고 있다.

- **마태복음 25:36** 헐벗었을 때에 옷을 입히고 병들었을 때에 돌보고 옥에 갇혔을 때에 와서 보라
- **야고보서 1:27** 고아와 과부들을 그 환난 중에 돌보라

- **로마서 12:15** 즐거워하는 자들과 함께 즐거워하고 우는 자들과 함께 울라
- **잠언 27:23** 네 양 떼의 형편을 부지런히 살피며 네 소 떼에게 마음을 두라

심방하면 참 많은 유익을 얻게 된다.

첫 번째는 성도들의 사정을 잘 알게 되는 것이다. 요한복음 10장 14절에 예수님은 "나는 선한 목자라 나는 내 양을 알고 양도 나를 아는 것"이라고 말씀하셨다. 그렇다. 목자는 양을 알아야 한다. 우리가 진정으로 양 떼들을 사랑한다면 그들의 상황과 사정을 정확히 알고 있어야 한다. 그리고 심방은 이것을 가능케 한다.

두 번째는 풍부한 설교 자료를 얻는 것이다. 설교에서 매우 중요한 것이 청중의 요구와 상황에 대한 이해다. 그러나 오늘날의 설교는 일방적인 선포로 이루어져 있어 설교를 하면서 성도들과 의사소통을 하긴 어렵다. 따라서 심방을 통해 성도들의 필요가 무엇인지, 아픔이 무엇인지를 알게 되면 그만큼 설교는 생명력 있고 풍성해질 수 있다.

세 번째 유익은 분명한 기도 제목을 얻을 수 있는 것이다. 목자는 양 떼를 위해 기도해야 하는데, 그들의 구체적인 상황을 알지 못하면 공허한 기도를 드릴 수밖에 없다. 그러나 심방을 통해 성도들을 만나면 구체적인 기도 제목을 알고 실제적인 기도를 할 수 있게 된다.

네 번째는 불신 가족이나 가끔 예배를 드리러 오는 연약한 가족들과

자연스럽게 접촉할 수 있는 기회를 갖게 되는 것이다. 성도들에게 가장 힘든 일은 불신자인 가족을 전도하는 일이다. 심방을 통해 그 일을 목회자가 도와줄 수 있다. 내가 아동부 사역을 할 때의 일이다. 스스로 '왜 어른들만 대심방을 할까?'라고 질문하면서 토요일 오흐와 주일 오후에 아동부 대심방을 실시하였다. 놀랍게도 심방을 했을 때 어린이들이 좋아하는 것은 물론 부모들까지도 전도되는 경험을 하게 되었다. 자녀들을 심방해 주는 모습을 보면서 불신 부모들이 교회와 기독교에 대한 긍정적인 이미지를 갖게 된 것이다.

다섯 번째는 성도들의 불평 요소를 미연에 방지할 수 있게 되는 것이다. 목회를 하다 보면 아무것도 아닌 일을 시험에 드는 성도가 있다. 작은 오해로 인해 시험에 든 그들은 온갖 불평을 하며 교회 내에 불만 세력을 조성하고, 심하면 교회를 분열시키기도 한다. 그러나 심방을 하면 이러한 문제를 미리 알아 대처할 수 있고 오해를 불식시켜 줄 수 있게 된다.

여섯 번째 유익은 교인을 동력화하는 매우 중요한 역할을 하는 것이다. 성도들의 은사가 무엇인지, 열정이 무엇인지, 어떤 성향의 사람인지를 파악하여 알맞은 사역에 배치하면 신나게 사역함으로써 교회를 성장시키는 데 큰 몫을 감당할 수 있다. 심방은 교회 안에 잠자고 있는 유휴 자원을 개발하여 사역하게 함으로써 교회에 큰 활력을 불어넣어

준다.

이처럼 심방은 목회자와 사역자들의 손에 들린 축복의 도구이며, 성도들에게는 구체적으로 가르침과 기도를 받을 수 있는 축복 중의 축복이다. 예수님도 심방 사역을 하셨다는 것을 아는가? 예수님이 지상에 계실 때, 베다니에 사는 마르다의 집에 자주 들르셨다.

그들이 길 갈 때에 예수께서 한 마을에 들어가시매 마르다라 이름하는 한 여자가 자기 집으로 영접하더라 그에게 마리아라 하는 동생이 있어 주의 발치에 앉아 그의 말씀을 듣더니 마르다는 준비하는 일이 많아 마음이 분주한지라 예수께 나아가 이르되 주여 내 동생이 나 혼자 일하게 두는 것을 생각하지 아니하시나이까 그를 명하사 나를 도와 주라 하소서 주께서 대답하여 이르시되 마르다야 마르다야 네가 많은 일로 염려하고 근심하나 몇 가지만 하든지 혹은 한 가지만이라도 족하니라 마리아는 이 좋은 편을 택하였으니 빼앗기지 아니하리라 하시니라 (눅 10:38-42)

요한복음 11장에 보면 그 집에 사는 나사로가 죽는 심각한 상황이 벌어지는데, 그 집으로 심방을 가신 예수님이 그 문제를 해결해 주신다.

교회의 부흥을 원한다면 심방의 축복을 회복해야 한다. 아무리 어렵고 힘들더라도 심방 목회를 포기하지 말자. 그리고 전통적인 심방의 장점을 찾고 현대적인 옷을 입히는 심방의 리메이크를 시도해 보자.

예수님도 심방하셨다

심방을 싫어하는 시대가 되었지만, 역으로 외로운 사람들이 늘어난 이 시대는 심방이 더욱 필요한 시대이기도 하다. 다시 한 번 말하지만, 심방 사역을 이 시대에 맞게 리메이크할 수 있다면 심방 사역은 목회자와 사역자들의 손에 들린 축복의 도구이며, 성도들의 필요를 채우는 축복 중의 축복의 도구가 될 수 있다.

심방 사역의 원조는 예수님이시다. 예수님은 과연 어떻게 심방하셨을까? 요한복음 11장을 보면 예수님께서 베다니에 사는 마르다의 집을 심방하시는 모습이 나오는데, 이를 통해 예수님의 심방 사역 비결을 알 수 있다.

첫째, 예수님은 왜 심방하셨는가?

이에 그 누이들이 예수께 사람을 보내어 이르되 주여 보시옵소서 사랑하시는 자가 병들었나이다 (요 11:3)

예수님이 마르다의 집을 찾아가신 이유는 나사로가 병들었기 때문이다. 예수님은 낙심하고 힘들어하는 가정을 위해 심방하신 것이다. 즉, 심방이란 어렵고 힘든 상황에 있는 성도들을 돌보며 그들의 아픔과 처지를 들어주고 공유하며 기도해 주고 말씀으로 치유하는 사역임을 보여 주시는 것이다.

둘째, 예수님이 그 집을 심방하시고 새롭게 아시게 된 사실은 무엇인가? 나사로가 죽어 땅에 묻힌 지 나흘이 지났다는 사실과, 많은 사람들이 조문하러 왔으며 마르다와 마르다도 이미 포기하고 나사로의 죽음을 인정하고 있다는 사실이었다. 이때 예수님은 나사로의 죽음이 하나님께서 이 가정에 특별한 영광을 드러내시고자 하는 계획임을 선포하신다. 이처럼 올바른 심방은 단순히 그 가정을 위로하는 것으로만 끝나는 것이 아니라, 말씀을 통해 그 가정을 향한 하나님의 계획과 섭리를 선포하며 기도하도록 이끄는 것이다.

셋째, 서로 다른 모습으로 슬픔을 표현하는 마르다와 마리아에 대해 예수님은 어떻게 대처하시는가? 심방할 때 일어날 수 있는 일과 심방을 받는 사람들에 대해 어떻게 대처해야 하는지에 대한 질문이다. 일 중심적인 사람이었던 마르다는 예수님이 오셨다는 소식을 듣고 영접하러 나간다. 그러고는 예수님이 늦게 오신 것에 대해 원망한다. 그런 마르다에게 예수님은 "네 오라비가 다시 살아나리라"(요 11:23)라고 말씀하시며 그녀를 이해시키신다. 그런데 마리아는 예수님이 부르실 때까지 집에서 기다렸고, 예수님은 가르다를 보내어 마리아를 불러내신다. 그러고는 슬퍼서 우는 마리아를 말씀으로 이해시키는 대신 함께 울어 주신다.

예수님은 성향이 다른 두 사람을 전혀 다른 방법으로 위로하고 심방하신 것이다. 우리는 여기서 심방을 받는 사람에 따라, 심방의 성격에 따라 다른 형태로 접근하고 이끌어야 심방의 효과를 극대화할 수 있다는 것을 배울 수 있다.

넷째, 예수님이 하신 심방의 결과는 어떠했는가?

이 말씀을 하시고 큰 소리로 나사로야 나오라 부르시니 죽은 자가 수족을 베로 동인 채로 나오는데 그 얼굴은 수건에 싸였더라 예수께서 이르시되 풀어 놓아 다니게 하라 하시니라 마리아에게 와서 예수께서 하신 일을 본 많은 유대인이 그를 믿었으나 (요 11:43-45)

요한복음 11장 43-45절에 마르다와 마리아는 위로와 치유를 받고 오라비 나사로가 살아나는 기적을 경험하게 된다. 그리고 이 일을 통해 그 가정과 조문객들은 예수님을 하나님의 아들로 인정하게 되고 하나님께 영광을 돌리게 된다.

심방은 다음과 같은 결과가 있어야 한다. 믿음이 연약한 사람들이 신앙심을 갖게 되고, 힘들고 어려운 상황에 있는 사람들이 희망과 용기를 갖게 되며, 갈 바를 알지 못해 방황하는 사람들이 복음적인 방향을 제시받아야 한다. 그리고 궁극적으로는 예수님이 드러나셔야 하며 하나님이 영광 받으셔야 한다. 심방하는 사람이 대접받는 것이 최종 목적이 되면 그 심방은 타락한 심방이다. 심방을 잘하면 하나님이 영광 받으시며 성도가 살고 교회가 부흥한다. 그러니 예수님처럼 심방하자.

심방에 대한 실제적 지침

심방 예배는 준비되어야 하고, 예배의 성격에 따라 세밀하게 접근해야 한다. 그러기 위해 심방에 대한 실제적인 지침 몇 가지를 나누고자 한다.

먼저, 심방의 형태를 잘 구분해야 한다. 연초에 하는 대심방은 한 해의 목표가 되는 말씀을 전하고 신앙생활을 점검하며 1년 동안 가정의 목표와 기도 제목을 위해 기도하고 축복해 주어야 한다. 가능한 미리 보고서를 쓰게 하고 헌금을 준비하게 하며, 목회자와 소그룹 리더가 함께 가서 두 곡 정도 뜨겁게 찬송하고 그 가정에 주시는 말씀을 선포하고 통성으로 기도한 후 축복의 안수를 해주는 것이 좋다. 장례나 입원처럼 어렵고 힘든 일을 당한 성도들을 찾아가서 위로하고 세워 주는 유고 심방은 아무리 바빠도 반드시 해야 한다. 어려울 때 관심을 보이지 않으면 성도들은 사랑받지 못한다고 생각하여 부정적이게 되거나 교회를 떠날 수도 있기 때문이다. 따라서 고난 중에 하나님이 함께하시며 해결해 주실 거란 위로와 성도들이 함께 기도하고 있음을 알려 주어야 한다. 새가족 심방은 새가족이 등록한 그 주 안에 하는 것이 가장 효과적이며, 너무 예배 중심으로 하기보다는 교회를 소개하고 신앙생활에 대해 알려 주며 새가족에 대한 관심과 사랑을 표현해 주는 것이 좋다. 전도 잔치나 행사 등에 참여시키기 위해 실시하는 소그룹별 심방은 소그룹의 비전을 점검하며 잘하는 이들은 칭찬해 주고 약한 성도들에게는 격려해 주는 분위기를 잘 연출해야 한다.

다음은 심방의 실제 부분이다. 심방하기에 앞서 기도로 준비해야 한다. 심방할 가정을 위해 기도하다 보면 하나님께서 지혜와 감동을 주시고 그 가정에 필요한 것이 무엇인지를 깨닫게 하신다. 심방할 가정의 형편과 처지를 미리 조사해서 혹시라도 그 가정의 상처를 들춰내는 실수를 범하지 말아야 한다.

심방 시간은 길지 않은 것이 좋고, 식사시간이나 취침시간 등은 피하는 것이 좋다. 병원 심방은 더 세심한 배려가 필요하다. 밝히기를 꺼려하는 질병은 굳이 알려고 하지 말고, 상황과 여건을 세심하게 배려하여 기분 좋게 심방을 받도록 사전에 미리 알려 주어야 한다. 심방에 동행하는 이들도 잘 훈련하여 아이가 울고 보챌 때 안고 나가는 등 대화의 흐름이 끊기지 않게 도와주어야 한다.

심방 예배를 드릴 때는 찬송을 한두 곡 부르고 그 가정에 필요한 말씀을 현실과 처지에 맞게 긍정적이고 희망적으로 전해야 한다. 그런 후에 심방 받는 성도를 위해 간절히 기도하는데, 심방하는 사람의 마음이 전달되도록 간절하게 기도하며 적당한 스킨십을 통해 친밀감을 느끼게 해주는 것이 좋다. 함께 드리는 간절한 기도는 여러 편의 설교보다 더 강력한 영향력을 발휘할 때가 많다.

심방에서 대화할 때는 심방하는 사람보다 심방 받는 사람의 말을 더 많이 들어주어야 한다. 그렇게 되면 스스로 말하면서 문제의식을 깨닫고 해결책을 찾는 경우가 많다. 단, 잡담이 되지 않도록 해야 하며 어설픈 농담은 상처를 줄 수도 있으니 조심해야 한다. 특히 상대방이 부정적인 감정을 느끼고 있을 때는 말꼬리를 잡지 말고 그 사람의 감정을 파악하는 데 주력해야 한다. 또한 대화의 가장 효과적인 방법은 내가 주어가 되는 'I-Message'이다. 어떤 사람의 실수나 상황을 이야기하다 보면 이간질을 할 결과를 낳을 수도 있으니 솔직한 자신의 감정과 의견을 말하는 것이다. 그래야 상대방의 아픔과 괴로움을 함께 나누고 공감할 수 있다. 공감만큼 좋은 대화는 없다.

심방의 태도는 심방 받는 자를 받아 주고 품어 주는 수용적인 태도가 좋다. 그래야 속에 있는 진실 된 이야기를 하게 된다. 또한 친밀감을 가질 수 있게 사랑스럽고 온유하며 겸손한 태도를 취해야 한다. 단, 예의를 지켜야 한다.

심방을 마친 뒤에는 기록철을 만들거나 교적부를 활용하여 기록하여 둔다. 특히, 평신도 리더가 심방했을 때는 목회자에게 반드시 보고하게 하고 심방 중에 이야기한 내용은 비밀을 유지하게 해야 한다. 심방을 받을 수 없는 경우도 있다. 이런 경우는 SNS나 편지, 메일, 전화로 관심을 표현하고 교회 소식지나 주보, 지난 주 설교 내용을 정리한 것 등을 보내 주면 좋다. 가장 좋은 심방은, 심방하지 않아도 소그룹원들끼리 모여 삶을 나누는 것이다.

은혜로운 한 번의 심방은 나락으로 떨어진 한 성도, 한 가정의 영혼을 구할 수 있다. 그러니 심방 사역을 잘하여 영혼 구원에 힘써라.

너희 중에 병든 자가 있느냐 그는 교회의 장로들을 청할 것이요 그들은 주의 이름으로 기름을 바르며 그를 위하여 기도할지니라 믿음의 기도는 병든 자를 구원하리니 주께서 그를 일으키시리라 혹시 죄를 범하였을지라도 사하심을 받으리라 (약 5:14-15)

전도란?
전도는 '나도 살고 너도 사는 생명 운동'
전도는 '능력 운동'
전도는 '기쁨 운동'

노방 전도의 유익
1) 반드시 전도를 기다리는 영혼이 있다.
2) 교회가 알려진다.
3) 영적인 야성이 생긴다.

노방전도는 이렇게

아침 출근길	전도자들에게는 삶은 계란과 따뜻한 차
등하굣길 학생	인형 탈을 쓰고 간식, 안아 주기
동네 공원	공연하며 전도하기
예비군	초청하여 훈련장 제공하기
기타	부침개 전도, 노인정 섬기기, 등산길 입구 전도, 운동 모임 전도

관계 전도 준비는 이렇게
1) 전도대상자를 묻는 기도
2) 전도대상자를 위한 중보기도
3) 101%로 섬기기
4) 교회로 인도하기

심방의 정의

심방(Visitation)이란 어렵고 힘든 상황에 있는 성도들을 돌보며 그들의 아픔과 처지를 들어주고 공유하며 기도해 주고 말씀으로 치유하는 사역

심방의 유익

1) 성도들의 사정을 파악한다.
2) 풍부한 설교 자료를 얻는다.
3) 분명한 기도 제목을 알 수 있다.
4) 불신 가족이나 가끔 예배를 드리러 오는 연약한 가족들과 자연스럽게 접촉할 수 있는 기회가 생긴다.
5) 성도들의 불평 요소를 미연에 방지할 수 있다.
6) 성도들을 동력화할 수 있다.

심방의 종류

대심방	• 한 하의 목표가 되는 말씀을 전하고 1년 동안 가정의 목표와 기도 제목 파악하기 • 보고서 미리 작성, 헌금 준비, 소그룹 리더와 동행
유고 심방	• 장례나 입원 등 어렵고 힘든 일을 당한 성도 위로하고 세워 주기
새가족 심방	• 새가족이 등록한 그 주 안에 하는 것이 가장 효과적 • 교회를 소개하고 신앙생활에 대해 알려 주기
소그룹별 심방	• 소그룹의 비전을 점검하기 • 전도 잔치나 행사 등에 참여시키기

심방의 실제적 지침

심방 전	심방할 가정의 형편, 처지, 상처 등을 미리 조사하여 기도한다.
심방 시간	식사시간이나 취침시간은 피하고 길지 않게 한다.
심방 예배	• 찬송을 한두 곡 부른다. • 그 가정에 필요한 말씀을 긍정적이고 희망적으로 전한다. • 같이 뜨겁게 기도한다.
심방 대화	심방하는 사람보다 심방 받는 사람의 말을 더 많이 들어준다.
심방 후 관리	• 기록철을 만들거나 교적부를 활용하여 기록해 둔다. • 심방 중에 이야기한 내용은 비밀을 반드시 유지한다.
심방을 못 받을 경우	• SNS나 편지, 메일, 전화를 통해 관심을 표현한다. • 교회 소식지나 주보, 지난 주 설교 내용을 정리하여 보내 준다.

2. 양육과 소그룹을 살려라

양육이 있는 교회가 되게 하라

목회하면서 가장 필요한 줄 알면서도 가장 시도하기가 어려운 것이 양육이 아닌가 싶다. 신학교 시절이나 목회 초창기 때 양육을 체험했거나 양육 프로그램이 잘 만들어진 교회에서 부교역자를 경험해 보았다면 소위 '본 것'이 있으니 가능하겠지만 그러한 경험이 없으면 도전할 엄두가 잘 안 나는 게 현실이다. 나 역시 양육 받은 경험이 많지 않았다. 세례를 받을 때 새가족학교에 참여한 것이 전부였다. 그러나 군목 시절에 양육의 필요성을 느끼게 되어 성경공부 테이프를 구입해서 듣고 메모하고 정리하여 가르쳐 보았다. 그 결과는 참으로 놀라웠다. 나도 양육을 할 수 있다는 자신감이 생긴 것은 물론 양육 모임에 참여한 성도들과 친밀감을 누리게 되었고, 양육을 받은 성도들이 중간 지도자가 되어 교회를 잘 섬기게 된 것이다. 그때 내가 내린 결론은 '못한다고, 배우지 않았다고 포기하지 말고 어떻게 해서라도 시도해 보자'였다. 그 이후로 여러 과목의 책들과 프로그램을 보고 듣고 배워서 나름대로의 양육 프로그램을 만들어 시행하게 되었고 양육 받은 성도들이 성장하는 모습을 보며 기쁨을 누렸다.

형제들아 우리가 너희를 위하여 항상 하나님께 감사할지니 이것이 당연함은 너희의 믿음이 더욱 자라고 너희가 다 각기 서로 사랑함이 풍성함이니 그러므로 너희가 견디고 있는 모든 박해와 환난 중에서 너희 인내와 믿음으로 말미암아 하나님의 여러 교회에서 우리가 친히 자랑하노라 (살후 1:3-4)

양육을 하면서 몇 가지 원칙을 알게 되었는데, 그 첫 번째가 '양육에는 단계가 필요하다'는 것이었다. 처음 교회에 온 자들과 오래 다닌 자들은 분명 다르다. 따라서 그에 맞는 맞춤 양육이 필요하다. 다음은 빛가온교회(구. 상계교회)에서 진행하는 양육 과정이다.

첫 번째 양육 단계 - 새가족반

새가족반은 교회에 온 지 3개월 이상 되신 분들을 대상으로 4주 동안 주일 오후에 진행되는데, 신앙의 기초와 교회의 비전을 나누는 시간으로 세례 받지 않은 이들과 타 교회에서 이명해 온 이들, 기존 성도들 중 신앙을 재정립하기 원하는 분들이 속해 있다. 1년에 세 번 개교하고, 한 번 열릴 때마다 4주에 걸쳐 주일 오후에 1시간.30분씩 4번의 모임을 갖는다.

이때 담임목사가 직접 강의한다. 신앙의 토대를 구축하고 교회의 비전을 나누며 담임목사와의 친밀한 만남을 갖기 위해서다. 4주 교육이 끝나면 저녁예배 시간에 세례 입교식과 수료식을 아주 풍성하고 은혜롭게 진행하는데, 늘 눈물이 있는 예배를 드리게 된다.

새가족학교 신청서

1. 인적사항						
이름		(남 여)	생년월일			
본 교회 등록일	년 월 일		소속	교구 목장		
주소			전화			
2. 구분(해당란에 ○ 표시)						

신앙 재정비(   ), 세례/입교(   ), 청소년 세례(   ), 타 교회 이명(   )

의와 같이 신청합니다.

20   년   월   일

신청자   (인)

추천인(목자)   (인)

새가족학교 강의 계획

1권 - 신앙의 출발	
1과	죄
2과	하나님의 사랑
3과	회개
4과	신앙
5과	중생
6과	구원의 확신
7과	그리스도인의 생활

2권 - 신앙의 출발	
1과	성장
2과	성경
3과	하나님
4과	예수 그리스도
5과	성령

3권 - 교회 생활	
1과	교회
2과	감리교회
3과	교회 회원
4과	교회 생활

4권 - 경건과 헌신	
1과	그리스도인의 신분
2과	그리스도인의 행실
3과	승리의 생활
4과	헌신의 동기
5과	헌신의 방법
6과	헌신의 결심
7과	헌신의 보상

두 번째 양육 단계 - 은사 발견 사역반

은사 발견 사역반은 세례 입교인들과 타 교회에서 이명해 온 이들에게 하나님이 주신 은사를 발견하게 하고 구체적인 봉사의 삶을 알려 주는 목표로 진행된다. 이 과정을 통해 성도들은 구체적으로 헌신의 삶에 들어가게 되는데, 자신이 가진 '열정'과 '영적 은사'와 '성향'(style)을 정확히 알고 발견하여 교회 공동체를 섬기며 하나님께 영광을 돌리게 된다. 나는 이 과정에서 '사역하는 성도가 행복하고, 사역하는 성도에게 상급이 있다'라고 늘 가르친다. 구경꾼이 많은 교회에는 역사가 일어나지 않는다. 성도들이 사역해야 한다. 그러나 본인의 은사와 맞는 사역을 하지 않으면 힘만 들고 오래가지도 못해 오히려 시험에 들게 된다.

세 번째 양육 단계 - 일대일 제자양육반

일대일 제자양육반은 조직 신학적으로 신앙과 신학의 틀을 잡아 주는 데 목적이 있다. 이 단계를 통해 성도들은 개인의 경건 훈련, 특히 큐티 훈련을 받고 은혜를 나누는 생활을 맛보게 된다. 일대일 제자양육을 받으면서 성도들은 교제와 적용이라는 두 가지 핵심 훈련을 받게 되는데, 이는 예수님의 제자가 되기 위한 토대를 마련하게 된다.

네 번째 양육 단계 - 지도자학교

지도자학교는 교회의 지도자를 양육하는 곳으로 '제자의 삶'과 '군사' 두 개의 반으로 나누어진다. '제자의 삶' 반에는 하나님과의 대화기도, 성령의 기름 부음 체험, 치유 사역 등을 배우게 된다. 또 '군사' 반에서는 소그룹 리더로 양육되는데, 소그룹의 중요성과 리더십, 섬김의 축복들을 구체적으로 배우게 된다. 지도자학교에서는 철저히 재생산에 초점을 맞춰 강의하고, 2주에 한 권씩 책을 읽고 그 은혜를 나눈다. 그리고 앞으로의 사역 로드맵도 정하게 한다.

이 같은 정규과정 외에도 특별반들도 운영되고 있다. 하나님의 자녀들이 갖고 있는 상처와 아픔을 성경적으로 치유하는 '전인치유학교', 성경적 가정과 부부관을 가르쳐 부부간의 관계를 회복하고 더욱 행복한 가정을 만드는 '부부성장학교', 성경적인 성공의 길을 찾아 이 땅에 거룩한 영향력을 미치는 길로 안내하는 '번영학교', 임신 수유기 여성을 대상으로 하는 '하이맘스쿨', 24-48개월의 어린이와 어머니 혹은 보호자를 대상으로 하는 '아기학교', 65세 이상의 노인들에게 취미활동과 건강, 보람된 여가활동, 복음 안에서의 교제를 도모하는 '노인대학', 청소년들에게 비전을 설정하고 미래 이력서를 쓰게 하는 '비전스쿨' 등을 운영한다.

양육이 없이는 절대로 중간 지도자가 나오지 않으며, 중간 지도자 없이는 지속적인 성장을 할 수 없다. 이제 용기를 내어서 한번 시도해 보자. 요즘은 시중에 좋은 교재가 많이 나와 있으니 단계별로 한 권씩을 택하여 초급, 중급, 고급반을 운영해 보자. 감탄할 만한 열매를 맛볼 것이다.

양육반 운영에 대한 제언

목회를 하면서 가장 조심해야 할 것은 모든 것을 '예배처럼 하는 것'이 아닐까 싶다. 성도의 입장에서 예배, 사역, 교제, 양육, 나눔 등 모든 것이 예배 같다면 어떤 느낌일까 생각해 보면 정신이 번쩍 난다. 절대로 예배가 나쁘다는 것이 아니라 느낌에 대한 것을 말하는 것이다. 이렇게 서두를 거창하게 늘어놓는 이유는 양육반을 운영할 때 '양육반답게' 차별성을 두었으면 좋겠다는 말을 하고 싶어서다.

양육은 온전한 성도를 만들기 위한 교육이며 훈련이다. '교육'이라는 말의 본뜻은 속에 있는 잠재력, 가능성을 발휘할 수 있도록 하는 것이다. 그렇다면 가르침에 집중하기보다 속에 있는 것을 끄집어내는 접근이 필요하다.

나는 어떤 양육반을 운영하든 첫 시간에 이 양육반의 목적이 성경 지식의 습득이 아니라 '교제와 적용'이라고 가르친다. 그러면 성경이나 신학 지식을 배우러 왔던 성도들은 처음에 매우 의아해한다. 그럼 나는 그들에게 더욱 힘주어 설명한다. "성경 말씀이나 신학은 머리로의 인식을 넘어 살아내야 할 지식입니다. 살아내려면 나 혼자서는 불가능합니다. 협력자, 나의 후원자가 반드시 필요합니다. 따라서 우리는 이 양육반을 통해 교제부터 해야 하는 것입니다."

양육반이 교제 공동체가 된다면 그다음은 쉬워진다. 성도들이 서로를 축복해 주고, 묵상한 말씀을 매일 나누며, 서로 격려하고 칭찬해 주면 그들은 그곳에서 천국을 맛보게 된다. 이러한 '교제'라는 목표를 이루기 위해 '나눔의 시간'이 많이 필요하다. 나는 두 시간의 양육 시간 중 앞에 30분은 지난 주 배운 것을 적용한 것과 주일 설교, 과제 등을 충분히 나누게 한다. 그리고 마지막 30분은 오늘 배운 것 중 은혜받은 것들을 나누게 한다. 이 나눔을 통해 그들은 서로의 아픔을 보듬으며 한 형제가 되어 간다.

이런 교제 공동체가 되기 위해 매우 중요한 것은 배운 것을 삶에 '적용'하는 것이다. 적용해야 나눌 것이 있고, 교제하면서 서로 간에 말씀을 삶에 적용하도록 도전받고 격려 받을 수 있기 때문이다. 적용을 통해 배운 성경 지식에 생명을 불어넣게 되고 그 말씀대로 살게 되니, 성도들은 진정으로 성장하며 성화되어 가는 것이다.

이 같은 목적과 방향성이 설정되었다면 반 구성을 잘하여 지도력을 구비하게 해야 한다. 즉, 반장을 뽑고 그를 돕는 총무를 뽑아 반을 운영하게 하고, 4-5명을 한 조로 편성하여 각 조마다 조장을 뽑아서 함께 나누고 기도하며 가까운 가족이 되게 해야 하는 것이다. 임원들을 뽑아 놓으면 책 구입, 간식 준비, 식사 준비, 종강 파티 등 모든 준비를 훌륭하게 잘해낸다. 또한 SNS를 잘 활용하여 주중에 나눔을 점검하고 은혜를 나누며

종강 후에 반별 모임을 이끌어 가게 하면, 교회의 아주 중요한 사역 모임이 될 것이다. 반을 운영하면서 지도력을 배운 성도들이 교회의 지도자가 되어 다른 사역도 잘 감당하게 되는 경우를 많이 본다.

양육반의 시간 운영도 중요하다. 전체 시간은 2시간 정도가 좋고 그중 시작 30분은 찬송과 나눔의 시간, 60분은 강의, 마지막 30분은 오늘 배운 것 중 은혜받은 것을 나누는 시간을 가지면 좋다. 마지막 30분을 마무리할 때 서로를 위해 기도해 주는 시간을 가지면 영적인 사건들이 일어나는 것을 경험하게 될 것이다. 시간을 운영할 때 목회자 혼자보다는 반원들 전체가 능동적으로 참여할 수 있도록 유도하는 것이 좋다.

양육 과정의 마무리도 중요하다. 빛가온교회(구. 상계교회)는 양육반 과정이 끝나면 저녁예배 시간 중 수료예배를 드리는데, 이때 수료자들이 간증을 나누고 앞으로 어떻게 사역하며 살아갈지를 하나님과 성도들 앞에서 고백하면 성도들은 그들을 진심으로 축하해 준다. 본인들에게는 결단의 시간이 되고, 회중에게는 도전이 시간이 된다.

또한 양육반이 공부로만 끝나지 않도록 소그룹에서의 사역으로 연결시켜야 한다. 예를 들어 중보기도학교를 수료했다면 중보기도팀에 들어가 사역하게 하고, 제자반을 수료했으면 속회 지도자가 되게 하는 것이다. 이러할 때 양육이 삶으로 연결되고, 교회 부흥의 에너지가 될 수 있다.

양육은 어렵지만 반드시 필요하다. 따라서 목회자들이나 교회가 용기를 가지고 시도해야 한다. 양육을 통해 성도들 중에 그 은사를 가진 사역자들이 나오게 되고, 그들이 사역할 때 교회 전체가 사역 공동체가 될 것이다.

각각 은사를 받은 대로 하나님의 여러 가지 은혜를 맡은 선한 청지기 같이

서로 봉사하라 (벧전 4:10)

반드시 소그룹을 살려야 한다

현대교회의 부흥의 두 날개는 역동적인 예배와 살아있는 소그룹이다. 역동적인 예배가 동기를 부여한다면, 살아있는 소그룹은 예배를 통해 부여받은 동기를 함께 나누고 삶에 적용하게 하여 전인적인 삶의 변화를 가져다준다. 역동적인 예배와 살아있는 소그룹 중 하나만이 아니라 두 개를 살려야 하고 힘 있게 해야 한다. 모이기를 싫어하는 시대이지만 열심히 모여 예배하고, 그만큼 소그룹에도 모여 예배를 통해 주어진 말씀을 내 삶, 우리의 삶에 적용하여 삶의 변화까지 이끌어 가야 한다.

삶의 변화는 생각보다 쉽지 않다. 고정관념을 깨뜨리고 익숙해진 습관을 포기하는 것은 거의 불가능한 일이기 때문이다. 변화의 동기를 부여

받은 사람들끼리 모여 서로의 삶을 나누어야만 가능하다. 서로가 거울이 되어 주고, 격려자가 되어 용기를 부여받아야지만 도전해 볼 수 있다.

현대교회의 소그룹은 위기이면서 기회이다. 예배도 잘 모이지 않는 시대, 자기의 삶을 개방하지 않으려는 시대이기에 모이기가 쉽지 않은 면에서는 위기다. 그러나 정보화와 IT 기기의 발달로 인해 현대인들은 혼자서 살아가는 게 편하고 익숙하다. 그래서 외롭다. 이러한 면이 바로 소그룹의 가능성이다. 사람이 무슨 수로 혼자 살아갈 수 있단 말인가. 사람은 더불어 살아야만 하는 존재다. 그래서 우리는 그 어느 때보다 소그룹의 중요성이 강조되는 시대에 살고 있다. 또한 우리가 살고 있는 포스트모더니즘 시대는 정보 습득이나 배움보다 '참여'를 더욱 추구한다. 정보 습득은 이제 기계가 해주는 시대가 되었다. 오죽하면 '전지하신 네이버'라는 자조어까지 나왔겠는가.

소그룹은 '참여'의 키워드에 적합하다. 많은 사람들이 아닌 소수의 사람들이 모여 서로의 삶을 나누고 어떤 일에 동참하여 자기 성취와 다른 사람들을 도울 수 있는 최고의 구조인 것이다. 이러한 점에서 이 시대 교회의 소그룹은 가능성이다.

이 시대 교회가 이러한 가능성을 붙잡고 소그룹을 살리는 대장정을 시작해야 한다. 특히 감리교회는 '속회'라는 소그룹이 뿌리인 교단이다. '이 시대에 소그룹은 안 된다'라는 생각에 정면 도전하여 소그룹에 생명력을 부여해야 한다. 그러면 부흥하는 교회가 선물로 주어질 것이고 부흥하는 교회를 통해 간증자, 성공자, 축복자가 나올 것이며 그들을 통해 하나님의 나라가 확장될 것이다.

빛가온교회(구. 상계교회)에 부임했을 때, 이 교회의 소그룹은 힘이 없었다. 모이는 대상이 주로 노인들이나 여성들이고, 직장인이나 남성들은 거의 모이지를 않았다. 당연히 탄력도 없었고 변화가 아닌 친교를 위한 모임, 성장이 아닌 교인 관리를 위한 모임 정도였다. 그래서 나는 이러한 소그룹을 재정비(remake)하기로 마음먹고 몇 가지를 시도했다.

1) 소그룹의 이름을 바꿈

이름을 바꿔서 새로운 도전을 주고자 함이었다. 감리교회는 전통적으로 속회(class meeting)라는 이름을 사용하는데, 이 명칭은 어렵고 현대인들에게 잘 와닿지 않는다. 그래서 이름을 'CM목장'으로 바꾸었다. 속회는 속회인데, 양들이 배불리 먹고 뛰어놀며 살이 찌고 젖을 만들어 내는 목장이라는 동기부여를 하고자 함이었다. 이름을 바꾸니 소그룹에 대한 새로운 욕구들이 생겨남을 느낄 수 있었다.

2) 조직의 변화를 시도

속회에는 속장과 인도자가 있는데, 그 체제를 CM장(속장), 부CM장(부속장)으로 일원화하였다. 이전 체제에서는 속장이 최고 책임자임에도 인도자가 실제적인 리더십을 갖고 있었다. 그래서 서로 책임을 미룰 수 있는 구조였던 것이다. 그러나 새로 바뀐 체제에서는 CM장에게 모든 책임을 주어 맡겨진 구성원들을 가르치고 돌보고 재생산하게 하고, 부CM장은 CM장을 도우며 분속을 준비하게 하였다. 지도 체제를 정비하여 리더들이 전면에 서자, 소그룹이 순식간에 부흥하기 시작했다.

3) 부부가 참여하는 소그룹 형성

대개의 기존 소그룹은 여자는 여자끼리, 남자는 남자끼리 모이는 모임이었다. 그러다 보니 남자들이 거의 소그룹 모임에 나가지 않는다. 그러니 남자들은 대표기도 한 번을 해볼 기회가 없고, 믿음은 성장하지 않으며, 교회 친구도 별로 없다. 부부가 모이는 소그룹을 만든다고 했을 때 가능성이 없다고 말하는 이들도 있었다. 그러나 그 변화는 대성공이었다. 남자들 중에 CM장을 맡아 예배를 인도하고, 여자 중에 부CM장을 맡아 소그룹원을 관리하고 섬기게 하였다. 부부가 함께 모이니 가정도 회복되고, 자녀들은 서로 친구가 되었다. 또한 남자들의 믿음이 성장하니 교회는 새로운 탄력을 받게 되었다.

4) 소그룹을 나눔 중심으로 운영

새로운 것을 배우는 것도 중요하지만 주일예배 때 선포된 말씀을 내 삶에 어떻게 적용했는지, 그 결과가 어떠했는지를 먼저 나누게 하였다. 그러자 자연스레 자신의 삶을 소그룹원들에게 공개하게 되었고, 서로의 아픔과 슬픔을 보듬는 모임이 되어 갔다. 이 나눔을 위해 소그룹원들이 모이면 먼저 음식을 나눠 먹고 지난 한 주간의 삶을 나눈 뒤 찬양하고 말씀을 나누고 기도하며 헌신을 다짐하는 순서로 진행하게 했다.

새로운 시도의 결과는 참으로 놀라웠다. 숫자로만 봐도 200% 이상이 모이는 결과를 가져왔고, 남성들이 교회의 사역자가 되니 교회는 이제까지 볼 수 없었던 탄력이 생겼다. 소그룹 운영이 잘되는 곳은 1년에 2-3개의 새로운 소그룹을 만들어 내기도 하였다.

소그룹을 살리는 일은 해도 그만이고 안 해도 그만인 일이 아니라, 절체절명의 일이다.

생명력 있는 소그룹 만들기

소그룹이 생명력을 가지려면 반드시 두 가지 조건이 충족되어야 한다. 하나는 전인적이어야 한다는 것이고, 또 하나는 살아 있어야 한다는 것이다. 그래야 삶의 변화를 가져오며 번식하기 때문이다. 생명력 있는 소그룹은 거저 주어지는 것이 아니라 만드는 것이다. 그러기 위해서는 다음과 같이 실천해야 한다.

불타는 비전을 가져라

비전 없이 되는 일은 없다. 소그룹이 얼마나 중요한지를 알고 그에 대한 분명한 비전을 가질 때 소그룹은 살아난다. 여기서 소그룹에 대한 비전이란 사람에 대한 비전이다. 내가 섬기는 교회에서는 소그룹 리더들에게 사람에 대한 비전 두 가지를 갖게 한다. 하나는 12명의 소그룹원들이 모이는 비전이고, 또 다른 하나는 그 12명을 잘 양육하여 그들을 통해 번식해서 120개의 소그룹을 만들고 천국에 가는 것이다. 예수님께서도 온 인류 구원을 위해 12명의 제자를 부르시고 훈련하셔서 그들을 통해 120명을 길러 내시지 않았는가!

소그룹 리더들을 끊임없이 가르치고 세워 주라

예수님도 공생애 3년 동안 12명의 제자들을 데리고 다니시며 가르치셨다. 그들이 하나님 나라의 의미를 알고, 영혼의 가치를 알고, 하나님의 능력을 체험하도록 인도하셨다. 그리고 마지막에는 그들을 성령의 사람이 되게 하셨다. 아무리 노력해도 성령의 일하심이 없으면 그저 열심 있는 사람들의 노력으로만 그치기 때문이다. 소그룹과 영혼을 위하여 죽을 각오를 하지 않고는 절대로 소그룹은 살아나지 않는다. 십자가를 지고 죽을 각오를 다할 때 영적인 자녀와 제자가 나와서 또 다른 소그룹들을 만들어 낼 수 있는 것이다. 이를 위해서는 정말 소그룹 리더들을 끊임없이 가르치고, 끊임없이 도전을 주며, 신선한 성령의 기름이 부어지도록 인도해야 한다.

소그룹이 작은 교회가 되게 하라

소그룹은 작은 교회다. 성경을 보면 교회에서 모이는 대교회보다 가정에서 모였던 소그룹이 훨씬 역사적으로 오래된 교회이다(행 2:42-47). 소그룹이 교회임을 소그룹 리더들과 소그룹원들에게 가르칠 때, 영혼 구원과 양육이라는 교회의 사명에 집중하게 된다. 그러면 소그룹은 친교 모임만으로 머무르려고 하지 않고 영혼 구원을 위해 전도하고 사람을 기르기 위해 노력한다. 또한 소그룹이 교회라면 소그룹 리더들은 작은 교회의 목회자가 된다. 소그룹 리더 스스로 목회자라는 의식을 가지면 신앙생활이나 소그룹원들을 섬기는 태도가 달라진다. 한 영혼이라도 더 품으려고 애쓰고, 전문성을 가지기 위해 노력하며, 다양한 사역을 하려고 몸부림치게 된다.

소그룹이 교회라면 소그룹에서 모이는 예배에 대한 태도가 달라진다. 소그룹 예배에서는 하나님의 말씀이 선포되고, 가르침과 교제가 일어나야 한다. 무엇보다도 하나님의 일하심과 능력이 나타나야 한다. 우리 빛 가온교회(구. 상계교회)는 이것을 강조하기 위하여 소그룹 예배를 〈CM목장 집회〉라고 불렀다. 그 안에서 서로 말씀뿐 아니라 기도 사역까지 이루어 져서 주님의 만지심과 치유하심을 맛보게 하기 위함이었다.

소그룹이 교회라면 부흥해야 한다.

> 하나님을 찬미하며 또 온 백성에게 칭송을 받으니 주께서 구원 받는 사람을 날마다 더하게 하시니라 (행 2:47)

주님의 교회는 부흥해야 한다. 아니, 살아있으면 부흥하게 되어 있다. 부흥하려면 한 영혼을 잘 품고 양육하여 그가 전도할 수 있게 해야 한다. 소그룹은 영혼을 구원하는 교회인 것이다. 전도 대상자의 이름을 부르며 기도하고, 빈 방석이나 빈 의자를 놓고 불신자들의 영혼 구원을 위해 기도하게 함으로써 영혼 구원을 시각화하는 것이 중요하다.

하늘의 상급을 기대하게 하라

소그룹 사역은 생각보다 어렵다. 서로 잘 알기에 섭섭병(?)에 걸리기 도 쉽고, 양육하기도 어렵다. 자녀를 양육하듯 해야 하기에 내 일은 뒷전 일 때가 많고, 많은 시간을 투자해야 한다. 밤낮이고 찾아가야 하며 물질도 많이 사용해야 한다. 이런 소그룹 리더들에게 목회자들의 격려는 절대적이다. 그러나 사람의 위로나 격려는 한계가 있다. 그래서 나는 다니엘서 12장 3절 말씀을 들려준다.

> 지혜 있는 자는 궁창의 빛과 같이 빛날 것이요 많은 사람을 옳은 데로 돌아
> 오게 한 자는 하늘의 별과 같이 영원토록 빛나리라

작은 교회인 소그룹에서 영혼을 섬기려고 애쓰고 힘쓰는 자는 하늘나라에서 '착하고 충성된 종'(마 25:21)이다. 그들에게 주님은 더 많은 것을 맡기시고 주님의 즐거움에 참여하게 하신다. 이 하늘의 상급이 하늘나라를 위하여 일하는 사역자들에게 가장 큰 위로다. 이 하늘의 상급에 대해 계속해서 알려줘야 지치지 않는다. 그 상급을 바라보며 일할 때, 감사와 기쁨의 샘이 마르지 않을 것이다.

양육의 4단계와 특별반

1단계	새가족반	• 교회에 등록 후 3개월 이상 되신 분들을 대상으로 4주 동안 진행 • 신앙의 기초와 교회 비전 제시 • 대상 : (1) 세례 받지 않은 분 　　　　(2) 타 교회에서 이명해 온 분 　　　　(3) 기존 성도들 중 신앙을 재정립하기 원하는 분 • 4주 후 세례 입교식과 수료식을 감동적으로 진행
2단계	은사 발견 사역반	• 성도가 가진 열정, 영적 은사, 성향(style)을 파악하여 교회 공동체에 은사대로 배치 • '사역하는 성도가 행복하고, 사역하는 성도에게 상급이 있다'고 확실히 가르침
3단계	일대일 제자양육반	• 조직 신학적으로 신앙과 신학의 틀을 잡아준다. • 큐티, 교제, 삶의 적용 등 핵심 훈련을 한다.
4단계	지도자학교	• 교회의 지도자를 양육한다. (1) 제자의 삶 : 하나님과의 대화기도, 성령의 기름 부음 체험, 치유 사역 등을 교육 (2) 군사반 : 소그룹의 중요성과 리더십, 섬김으 축복 등을 교육
특별반		전인치유학교, 부부성장학교, 번영학교, 하이맘스쿨, 아기학교, 노인대학, 비전스쿨

양육반을 위한 제언

양육반의 목적	교제와 적용을 가르친다.
반 구성	반장, 총무를 뽑고 4-5명 단위로 구성
시간 안배	30분 : 찬송, 기도, 한 주간 삶 나눔 60분 : 강의 30분 : 오늘 배운 것, 은혜 받은 것, 서로를 위한 중보기도
양육 과정 수료	• 저녁 예배시간에 성도들 앞에서 간증을 한다. • 본인에게는 도전, 회중에게는 도전을 준다.

소그룹 새롭게 정비하라
1) 소그룹의 이름을 바꾸라
2) 조직의 변화를 시도하라
3) 부부가 참여하는 소그룹을 형성하라
4) 소그룹을 나눔 중심으로 운영하라

생명력 있는 소그룹 만들기
1) 불타는 비전을 공유하라
2) 소그룹 리더들을 끊임없이 가르쳐라
3) 소그룹이 작은 교회가 되게 하라
4) 하늘의 상급을 기대하게 하라

Restart의 원리 셋

부흥의 정석

부흥의 정석

1. 예배와 설교의 정석

예배를 살려야 한다

교회의 가장 기본은 예배다. 교회가 살아나려면 예배를 살려야 한다. 예배는 성도들에게 영감과 삶의 동기를 제공한다. 다시 말해, 성도들이 모여 하나님을 경배하고 그분의 말씀을 들으면서 위로부터 오는 영감과 동기를 부여받게 된다.

예배는 말 그대로 하나님을 경배하며 섬기는 것이다. 신앙생활은 예배로 시작해 예배로 마치는 것이기에, 예배의 성공은 곧 신앙생활의 성공이다. 그렇다면 예배의 성공은 무엇인가. 가장 중요한 것은 하나님이 영광을 받으시는 예배여야 한다는 것이다. 아무리 많은 프로그램이 있어도 하나님이 높여지지 않고 그분의 임재가 이뤄지지 않으면 진정한 예배가 아니다. 하나님이 홀로 영광 받으시고, 그 예배 가운데 하나님의 일하심으로 성도들을 매만지시고 치유하시며 채우시는 예배가 성공적인 예배다. 그러한 예배에는 감격과 감사가 있으며 무엇보다 거룩한 역사들이 나타난다.

우리 교회 청년들과 함께 싱가포르의 CHC교회와 FEBC교회를 방문해 함께 예배를 드린 적이 있다. 전자의 교회에서는 셀 교회를 통해 하나님께 얼마나 많은 영광을 돌릴 수 있는지를 보았고, 후자의 교회에서는 예배를 통해 하나님이 승리하시는 모습을 보았다. 하나님이 예배 가운데 분명 수천 명의 회중을 이기고 계셨으며, 그들을 다스리시며 일하시고 계셨다. 물론 그분의 너무도 큰 영광 받으심을 느낄 수 있었다. 은혜 받음이 아니라 그분의 승리를 보고 나는 감격의 눈물을 흘리지 않을 수 없었다.

이제 교회가 예배를 다시 매만져야 한다. 예배가 살아야 하나님이 영광 받으시고 성도들이 살아나며 교회가 부흥한다. 예배를 살리기 위해서는 두 가지가 살아나야 하는데, 하나는 하나님의 자리를 찾아 드리는 것이고, 또 하나는 예배를 드리는 예배자들이 살아나는 것이다. 고로 예배의 본질은 지키되 현대인들에게 맞는 옷을 입혀야 하는 숙제가 남는다.

너희는 여호와 우리 하나님을 높이고 그 성산에서 예배할지어다 여호와 우리 하나님은 거룩하심이로다 (시 99:9)

역동적인 예배가 필요하다

부흥하는 교회의 공통점 중 하나가 역동적인 예배다. 역동적인 예배는 성도들과 교회 공동체에게 삶의 동기(motivation)를 부여한다. 반대로 역동적인 예배가 없이는 아무런 동기도 부여되지 않아서 교회나 한 개인이 움직여지지 않는다.

한국교회가 지금 역동성을 잃었다면 혹시 예배의 문제가 아닐까 생각된다. 따라서 예배를 살린다면 한국교회는 다시 역동성을 회복할 수 있을 것이다. 어떻게 하면 예배의 역동성을 살릴 수 있을까?

먼저 예배의 중요성을 알고 예배에 대한 고민부터 해야 한다. 예배의 중요성을 느끼기 전까지는 고민하지 않는다. 그리스도인의 삶은 예배로 시작하여 예배로 끝나지 않는가. 그러므로 예배는 정말 중요하다. 그런데도 우리들은 예배에 익숙한 나머지 그리 많이 고민하지 않는 것 같다. 교회에 오랜 다닌 사람들이야 익숙하니까 별로 거부감이 없겠지만 교회에 처음 나온 사람들은 여러 가지가 너무 생경스럽기만 하다.

예배는 사람들이 하나님께 드리는 것이다. 하나님을 향한 우리의 마음은 변해서는 안 되지만 예배를 드리는 세대들이 달라지고 문화가 달라졌다면 그에 대한 배려는 해야 하지 않을까. 그러한 차원에서 예배를 리메이크(remake) 함에 있어 몇 가지 조언하고 싶다.

첫 번째는 예배 순서를 단순화하는 작업을 해야 할 때가 왔다. 시대가 단순화를 추구하기 때문이다. 많은 교회들이 예배 앞부분에 경배와 찬양 순서를 갖는다. 그렇다면 묵도 혹은 조용한 기도의 순서를 없애고 바로 기도로 들어가면 어떠할까? 잘 숙고하여 중복되는 부분들을 합쳐 함께 소화하면 예배 신학적인 면에도 문제가 생기지 않으면서 예배를 단순하게 만들어 갈 수 있다. 예배의 단순화를 위한 또 하나의 조언은 같은 맥락의 순서는 묶어서 진행하라는 것이다. 예를 들어 설교 이후에 설교에 맞는 찬양을 결단 찬양으로 부르며 헌금을 하고 헌금 후에는 목회기도 겸 헌금기도를 하고 축도를 하면 몇 가지 순서가 한 순서처럼 단순해 보인다.

또한 예배의 단순성을 회복하기 위해서는 예배 사회자 혹은 인도자가 물 흐르듯 예배를 인도해야 한다. 할 수 있으면 무언 사회를 하면 좋겠다. 대표기도자나 찬양대, 설교자는 이미 주보에 실렸는데 소개할 필요가 있겠는가. 순서가 되면 나와서 자연스럽게 임하면 된다.

두 번째는 예배 간의 차별화다. 한국교회는 예배가 많은데, 이 많은 예배를 차별화하면 다양한 연령과 여러 계층의 성도들에게 특화된 예배를 경험하게 할 수 있다. 그럴 때 예배 참여자가 늘어나지 않을까. 그리고 성도들은 자기들의 감성에 맞는 예배 앞에서 살아 있는 예배를 드리게 될 것이다.

빛가온교회(구. 상계교회)는 주일 낮에 5번의 예배를 드리는데, 모든 예배를 차별성 있게 드리려고 애쓰고 있다. 7시는 출근자를 위한 아주 심플한 예배, 8시는 교회 사역자들을 위한 심도 있는 예배, 10시는 청·장년 중심의 찬양과 경배식의 예배, 12시는 전통적인 예배, 그리고 오후 2시 30분에는 청년 중심의 파워풀한 예배를 드린다. 저녁예배도 주일은 성도들이 참여하는 문화적 감성이 있는 예배, 수요일은 세미나가 있는 예배, 금요 심야 기도회는 부흥회 같은 뜨거운 예배로 드린다. 그런가 하면 매일 새벽예배는 성경 본문을 가지고 큐티식 예배를 드리는데 그것도 5시와 6시 두 번 드린다. 6시 새벽예배는 출근자와 젊은이들을 새벽예배에 참석케 하려는 배려이다.

이런 예배의 차별화는 수많은 젊은이들을 예배로 인도하였고, 장년들은 장년들 나름대로 거부감 없이 예배를 드릴 수 있게 되어 전체적으로 예배의 참여자가 늘어나게 되었다. 또한 예배마다 그 세대만의 역동성을 드러낼 수 있었다. 예배의 역동성을 위해 예배의 단순화와 차별화를 고민해 보자. 반드시 길이 보일 것이다.

느낌 있는 예배가 필요하다

시대가 분명히 바뀌었다. 그 말은 입혀야 할 옷이 달라졌다는 이야기다. 예배도 마찬가지다. 물론 하나님 앞에 진정과 신령으로 나아가는 것은 변하면 안 되겠지만, 예배하는 회중에게는 이 시대에 맞는 옷을 입혀야 한다. 그때 성도들에게는 그 예배가 느낌 있는 예배가 되고, 느낌 있는 예배는 성도들의 삶에 영적 동기를 부여하게 된다. 예배에 있어 역동성만큼이나 중요한 것이 바로 '느낌'이 있느냐, 없느냐이다.

그렇다면 느낌 있는 예배가 되려면 어떻게 해야 하는가?

첫째, 성도 참여 중심의 예배를 디자인해야 한다. 『넥스트 처치』의 저자 에드 깁스의 말처럼 20세기 모더니즘 시대에는 성도들이 소비자적인 경향이 강했다. 즉, 소비자가 되어 예배 인도자가 인도하는 예배를 따라가고 거기서 무엇을 얻으면 되었던 것이다. 그러나 21세기 포스트모더니즘 시대의 청중은 소비자에서 생산자(온전한 참여자)가 되어 주인 의식을 느끼고, 예배에 능동적으로 참여하여 드라마의 한 부분이 되기를 원한다. 그때 성도들은 느낌을 갖게 되고 은혜를 누리게 된다.

그러므로 느낌 있는 예배가 되기 위해서는 종래의 목사 중심의 단조로

운 예배가 아니라 성도들이 은사를 발휘하여 예배를 기획하고 진행하며 참여하게 해야 한다. 부흥하는 교회들의 예배를 보면 간증이 많고 스킷 드라마가 많은 이유가 그것이다. 참여할 때 감동이 배가 되는 것이다.

빛가온교회(구. 상계교회)에서는 주일 저녁예배를 문화적 감성이 있는 예배로 드린다. 교구나 선교회, 교회학교 헌신예배를 드릴 때 성도들이 예배를 기획하고 자기들의 은사를 표현하여 최고의 예배를 드리도록 기회를 준다. 그러면 어떤 일이 일어나는지 아는가. 거의 두 달 전부터 모여서 예배를 기획하고 준비한다. 참 진지하게 온몸으로 예배를 드리는 것이다. 그 결과 성도들은 어느 때보다 열심히 모이고 감격스러워한다. 특히 이때 소외되기 쉬운 새가족들이 많이 참여하여 교회에 대한 소속감과 신앙의 성장을 얻게 된다.

둘째, 예배에 감동이 있어야 한다. 그래야 느낌 있는 예배가 된다. 감동적인 예배는 획일성에서는 나타나지 않고 창조성이 있을 때 나타난다. 폴 로버츠는 "회중의 은사를 공동 예배에서 발휘하게 함으로써 교인들의 창조적 욕구를 예배 안으로 끌어들여야 한다. 그렇게 함으로써 그들의 잠재적 창조성이 최고도로 실현되고 거기에서 큰 감동을 느끼게 된다. 최악의 예배는 TV를 보며 노래를 따라 부르는 것과 같은 예배이다."라고 했다. 예배는 받은 은사를 드리는 것이다. 성도들의 다양한 은사를 드릴 때 그 예배에는 창조성이 나타나게 되고 거기에서 지금까지 경험하지 못한 큰 감동이 밀려오게 된다.

또한 감동이 있는 예배를 위하여 설교는 절대적으로 긍정적인 메시지, 비전 충만하고 긍정적인 자아상을 심어 주어야 한다. 그뿐 아니라 설교를 통해 성도들의 필요에 대해 성경적인 가르침이 주어질 때 그 예배는 감동 그 자체로 다가올 것이다.

또한 감동은 감성의 코드이기 때문에 감동적인 예배가 되기 위해서는 찬양이 참으로 중요하다. 이 시대의 찬양은 단순한 음악이 아니라 교제의 주요 수단이며 의식이다. 윌리엄 이섬은 『춤추는 목회』에서 "비기독교인이 예배를 경험할 수 있는 방법은 음악이다. 현대인들은 음악을 들으면서 공부하고, 운동하고, 일하고, 명상한다. 그런 현대인들에게 격식에 치우친 음악을 가지고 일곱 번씩 아멘을 반복하는 고전 찬송가를 꾸준히 불러대면서, 수백 명에게 세례를 주고 대중에게 다가서는 원기 왕성한 교회가 되기 원하는 것은 욕심 중의 욕심이다. 그러한 가능성은 전혀 없다."라고 했다. 전자 악기에 익숙한 사람들의 오감을 자극할 수 있는 악기나 시스템을 갖추어야 한다. 찬송가보다 현대적 음악 취향을 반영한 찬양으로 접근해야 하는 것이다. 침체하고 쇠락해 가는 교회가 있다면 찬양 스타일의 변화를 꾀해 보라. 물론 이러한 변화에는 나이 든 성도들의 양해가 필요하다. 어느 정도 규모가 된다면 전통적인 예배와 현대적인 예배를 나누어서 드리면 좋을 것이다.

건강한 교회, 성장하는 교회를 위하여 역동적인 예배, 느낌 있는 예배가 되도록 목회자들은 예배에 목숨을 걸어야 한다. 성도들 역시도 이것을 알고 새 시대에 맞는 옷을 입혀야 할 때 양보할 줄 아는 아량이 필요하다. 젊은이들이 없는 예배를 원한다면 지금 드리고 있는 예배의 형식을 끝까지 고집하면 된다.

경쟁력 있는 설교를 준비해야 한다

"내가 한국의 대통령이 되면 일어나서 잠들 때까지 경쟁력을 이야기할 것이다. 나는 항상 다음 세대 제품과 다음 투자국을 생각하고 있다. 어떻게 하면 GE를 계속 성장시킬 것인가만을 생각한다." 세계 최대 금융·산업 복합 기업인 GE(제너럴일렉트릭)의 제프 이멜트(Jeffrey Immelt) 회장이 한국을 방문했을 때 한 말이다.

이 말에는 몇 가지 중요한 성공 포인트가 있는데, 하나는 열정이다. 성공에 대한 열정이 그를 사로잡고 있는 것이다. 또 하나는 집중력이다. 흩어진 빛은 종이를 태우지 못하지만, 한 점에 모아진 빛은 불이 되어 많은 것을 태우고도 남는다. 마지막 하나는 경쟁력에 대한 그의 고민이다. 21세기는 1등만이 살아남는 경쟁의 시대다. 경쟁력이 있는 제품을 만들어 내야만 회사가 존재할 이유를 갖는다.

그의 말 속에는 설교에 대한 매우 중요한 도전이 숨겨져 있다. '경쟁력 있는 설교'에 대한 도전이 그것이다. 21세기는 설교 범람의 시대다. 원하기만 하면 뛰어난 설교자들의 설교를 듣거나 볼 수 있다. 이러한 가운데 살아 있는 목회, 부흥하는 교회를 이루려면 '경쟁력 있는 설교'를 만들고 구현해야 한다.

목회자는 설교를 통해 하나님의 마음과 비전, 능력을 드러내야 하며 자신의 인격을 드러내야 한다. 설교를 통해 교회 공동체를 만들고 교회 행정을 다루어야 한다. 설교가 살면 교회가 살고 설교가 죽으면 교회가 죽는다. 아무리 좋은 프로그램이 있어도 목회와 교회는 설교로 시작한다는 사실을 기억해야 한다.

'경쟁력 있는 설교를 만들어라!' 이것이 이 시대 목회자들에게 주어진 하늘의 지상 명령이다. 그렇다면 어떻게 하면 경쟁력 있는 설교를 만들 수 있을까?

복음적인 설교를 만들라

복음적인 설교란 무엇인가? 쉽게 설명하면 '죄 되고 연약하고 부족한 나를 보게 하며, 그럼에도 불구하고 나를 버리지 아니하시고 사랑해 주시므로 다시 소생하게 하고 도전하게 하는 하나님의 은혜가 들어 있는 설교'가 복음적인 설교다. 자격이 없는데도 은혜로 형통하게 하심을 말해 주고 기대하게 하는 설교, 나는 안 되는 사람인데 하나님이 개입하셔서 되는 존재가 되었음을 말해 주는 설교이다. 복음은 철저히 하나님의 은혜를 말하는 것이고 복음의 반대는 나의 공로, 나의 수고를 통해 형통을 일구려는 율법이다. 이 시대 설교 강단의 황폐화는 윤리와 도덕주의에 얽매여 율법을 선포하는 것에서부터 시작된다.

우리의 문제보다 크신 그 하나님이 나의 하나님이심이 바로 복음이다. 그분의 사랑과 은혜, 능력을 바라보기만 해도 미래에 대한 희망을 가지고 결단하게 된다. 인간의 실존 직시—하나님의 은혜와 능력에 대한 믿음—결단—새로운 삶의 전개—기적의 창출! 이것이 복음적 설교의 패러다임이다.

그렇다면 복음적인 설교를 만들기 위해서는 무엇을 해야 하는가? 먼저 성경에 나타난 하나님의 모습을 찾아야 한다. 여호와, 주님, 성령님, 비유의 모습까지 철저히 찾고 교훈을 찾으며 묵상해야 한다. 하나님에 대해 묵상하는 만큼 복음적인 설교가 가능해진다. 여기서 하나님의 모습이란 성부, 성자, 성령의 행동하심, 의도, 능력 등 모든 것을 의미하는데, 이 부분을 깊이 묵상하면 할수록 복음의 색채가 짙어진다. 하나님을 깊이 묵상하여 은혜의 샘이 터지면 그때 감격이 나타날 것이다. 성경은 하나님이 그려진 말씀이다. 요한복음 1장 1절에 "말씀은 곧 하나님이시니라."라고 하지 않았는가! 성경 안에 나타난 하나님의 모습을 찾아내고 깊이 묵상하라. 그러면 설교자 자신이 은혜를 깊이 받게 되고 또 그만큼 복음적인 설교를 구성할 수 있게 된다.

복음적인 설교를 위해 그다음 해야 할 일은 하나님을 묵상한 후 성경 본문에 나오는 인간의 죄의 본성과 문제를 정확히 찾아내는 것이다. 매우 신랄하게 찾아내는 만큼 하나님의 은혜가 빛나고 그만큼 감격이 주어진다. 탕자의 죄는 무엇인가? 아버지를 떠나 독립하려고 하는 것에서 시작된다. 그래서 아버지의 충고도 받아들이지 않고 아버지의 경험도 무시한다. 아버지를 무시하니 아버지의 소유를 가볍게 여기게 된다. 아버지의 것을 내 것으로 착각하는 현대인들의 모습이기도 하다. 이런 식으로 하나씩 파고들어 가면 인간의 실존이 얼마나 부패해 있는지가 드러난다. 그 모습을 내 삶에 적용하여 묵상하면 은혜로 받아들여지는 나, 용서받는 나, 보호받고 인도함을 받는 나의 모습이 너무나도 잘 그려질 수 있다.

거꾸로 하지 말라. 먼저 성경 안에 그려진 하나님을 보라. 그리고 인간의 실존을 보고 그것을 오늘의 상황과 연결시키면 복음의 물줄기가 솟아오르게 된다.

시사적 강해 설교를 만들라

설교의 2대 과제는 성경을 통해 주시고자 하는 하나님의 말씀을 전하는 것과 이 시대 사람들의 문제에 대한 해답을 주는 것이다. 전자를 강조한 설교를 주해 설교라고 한다면 후자를 강조한 설교는 시사적 설교(topical sermon)라고 할 수 있겠다.

생명력 있는 강단이 되려면 이 두 가지가 반드시 함께 가야 한다. 전자가 약해지면 시사적인 수필이 되고 후자가 약해지면 설교의 시대성이나 박진감이 떨어지기 때문이다. 이 두 가지가 함께 가는 설교를 시사적 강해 설교(topical expository sermon)라 명명해 본다. 즉, 시사에 대해 성경적인 대답을 주는 설교다.

시사적 강해 설교를 만들려면 먼저 통찰력을 통해 현재의 문제를 찾아내야 한다. 이 시대 사람들의 시대적인 고민과 성도들의 실제적인 문제에 대한 해답을 주는 설교는 얼마나 박진감이 있을까를 상상만 해도 기분이 좋아진다. 대부분의 설교에 대한 관념은 고루하다는 것이다. 잔소리 정도로 듣는 것이다. 그러나 본인들의 문제가 설교를 통해 주어지고, 이 시대의 문제에 대하여 성경적으로 해답이 주어진다면 설교는 절대 고루하지 않을 것이다. 생명력이 차고 넘칠 것이다.

또한 문제 제기가 분명해야 설교에 현실감이 있다. 문제 제기가 약하면 해답이 약해진다. 좋은 설교와 그렇지 못한 설교의 차이는 얼마나 명확하게 그리고 현실감 있게 문제를 제기하고 있는가에서 시작된다. 바로 현대인들의 고민을 찾아야 하는 것이다. 하나님이 주시고자 하는 문제를 찾아야 하고 그것을 설교의 서론에 아주 명확하게 표현해야 한다. 이를 위해 양질의 독서가 필요하다. 많은 양이 아니더라도 시대를 알 수 있는 독서를 해야 한다. 트렌드를 잘 파악할 수 있는 잡지를 구독하거나 소설, 수필집, 시집, 신앙 서적, 신학 서적을 한 권 이상씩 읽어야 한다. 인터넷이나 신문을 통한 뉴스 분석도 좋은 자료가 된다.

여기서 그치면 안 된다. 성도들과의 만남 또한 매우 소중하다. 직접 그들의 고민을 듣는 것보다 더 현실적인 것은 없으므로 심방이나 성경 공부를 통해 만나야 한다. 찾은 문제들을 잘 메모하는 습관도 매우 중요하다. 메모하지 않으면 바로 망각하는 것이 우리 인간의 뇌 구조이기 때문이다.

시사적 강해 설교를 만드는 다음 단계는 그 해답을 성경에서 찾는 것이다. 문제를 부여잡고 깊이 기도하면서 주님의 말씀을 기다리는 것이 좋다. 여기서 기다림은 성경을 찾는 것까지 포함된다. 문제의 본질을 다루면서도 복음이 들어 있는 본문을 찾는 것이 시사적 강해 설교를 만드는 데 매우 중요하다. 평소에 묵상의 중요성을 여기서 알 수 있다. 늘 성경을 가까이하며 묵상하면 어느 순간 영감이 되어 튀어나온다.

시사적 강해 설교는 이 시대의 주요한 요구라고 생각한다. 이는 시사적이면서도 복음적이고 성경적인 설교다.

감동적인 설교를 만들라

21세기의 중요한 흐름은 '감성'이다. 논리적인 이성과는 달리 감성 시대에는 감동이 필요하다. 마음껏 웃고 울어야 한다. 유머 설교가 유행하는 이유도, 영화 설교와 같은 감성 터치적 설교가 제시되는 이유도 지금이 감성의 시대기 때문이다. 감동적인 설교가 되려면 몇 가지를 기억해야 한다.

첫째는 좋은 예화를 적절하게 사용하는 것이다. 좋은 예화는 설교를 빛나게 하고 실감 나게 한다. 도입과 마무리 부분에 좋은 예화를 사용하는 것은 문제 제기를 명확하게 하고 분명한 결단을 촉구하는 데 매우 효과적이다. 그러나 너무 많이 알려지거나 고루한 예화는 효과를 반감시킨다는 것에 주의해야 한다. 즉, 최신의 예화로 현실 감각이 있어야 한다. 이를 위해 항상 예화를 준비하는 습관을 가져야 한다. 평소에 컴퓨터, 신문, 책 등을 통해 예화를 찾아 메모하고 정리해 놓으면 설교를 구성할 때 많은 도움이 된다. 예화를 위해 설교 도우미를 활용하는 것도 좋다. 설교자가 아무리 많이 준비해도 여러 사람이 하는 것보다 폭넓지는 못하기 때문이다. 젊은이들, 중년들, 남성과 여성, 전문가들의 도움을 받는 것도 좋다.

둘째는 합심 기도와 영성 있는 찬양을 구사하는 것이다. 사실 요즘은 예배 시간에 기도 소리가 너무 작다. 설교를 듣고 난 후에 통성으로 기도해야 그 말씀에 육화된다. 허용되는 범위에서 가능한 한 많은 시간을 기도하게 하는 것도 좋다. 혼자 기도하기 어려운 사람들을 위해서는 짝 기도나 그룹 기도를 하게 하는 것도 좋다. 또 가슴에 손을 얹고, 두 손을 들고, 일어나서, 한 중보 대상자를 위해 기도하는 것도 설교를 육화하고 설교를 통해 하나님의 능력이 나타나게 하는 매우 좋은 방법이다.

설교 후 기도 전에 그날 설교와 내용에 맞는 찬송이나 찬양을 한 곡 부르는 것도 중요하다. 아니면 성도들이 잘 아는 힘 있는 곡을 3, 4곡 메들리로 힘껏 부르면 기도가 준비되고 영성의 문이 열린다. 이러한 찬송 한 곡이 예화 열 개보다 더 위력적일 때도 있다. 찬송의 입이 열려야 기도의 문이 열리고 기도의 문이 열려야 능력이 임하지 않는가! 찬송이나 찬양은 반드시 영성을 고려하여 선곡해야 하며 약간 빠르고 힘 있게 부르도록 한다. 감동이 되는 후렴 부분은 반복하는 것도 효과적이다.

셋째는 영상, 드라마를 활용하거나 간증을 도입하는 것이다. 좋은 영화나 드라마에 나오는 장면, 대사 하나가 매우 깊은 감동으로 남을 때가 많다. 교회에서 이루어지는 행사도 잘 녹화해 두었다가 사용하면 큰 효과를 볼 수 있다. 모든 것이 자료가 될 수 있다는 생각으로 늘 자료를 모으는 습성을 가지면 누구든지 좋은 영상을 제공하며 감동적인 설교를 만들 수 있다. 또 절기나 특별 예배의 경우 교인들이 직접 만든 스킷 드라마를 활용하면 매우 강렬한 인상을 남길 수 있다. 돌아오는 절기마다 다른 설교를 하기 위해 많은 목회자들이 고민하게 되는데 성도들의 이 스킷 드라마를 활용하면 신선함과 함께 더 큰 감동을 선사할 수 있다.

간증을 잘 활용하는 것도 쉬우면서 효과적인 방법이다. 설교 전에 성도가 간증하는 방법인데 직접 하면 자칫 길어져 예배 분위기를 흐릴 수 있으니 영상으로 녹화해 3, 4분 정도 내보내는 것이 좋다. 설교 전의 간증은 성도들의 언어인 만큼 구체적이고 실제적이며 많은 기대감을 갖게 한다. 게다가 대부분 교회에서 진행된 프로그램이나 기도회, 예배 등을 통해 받은 은혜를 나누는 것이기에 교회에 대한 자부심과 프로그램 등에 대한 피드백에 좋은 영향을 끼치게 된다.

어느 원로 목사님이 하신 농담조의 말씀이 생각난다.

"목사는 강단에서 울리든지, 웃기든지, 무섭게 혼내든지 이 중에 한 가지는 잘해야 하는 거야!"

가만히 생각해 보면 감동적인 설교의 중요성을 강조하는 말이다. 요즈음 강단은 참 많이 웃는 강단이 되었다. 예견하건대 곧 눈물의 강단이 찾아올 것 같다. 웃음보를 건드리는 설교를 넘어 울음보를 건드리는 설교를 미리 준비해 놓으면 새롭게 부각되는 설교자가 되지 않을까 생각한다.

자신만의 색깔이 있는 설교를 만들라

이는 어쩌면 가장 어려운 대목일 수 있다. 이 지점을 넘지 못하면 우리는 그저 '또 하나의 설교자'일 뿐이다. 그러나 자기만의 체험과 색조가 있는 설교(own message)를 하면 이 시대에 꼭 필요한 바로 '그 설교자'가 되는 것이다.

이러한 설교를 만드는 방법은 사실 간단하다. 설교자 자신이 성경 말씀대로 살고 그 살아가는 이야기를 하는 것이다. 그러나 많은 경우가 그렇지 못한 것이 현실이다. 종종 설교를 위해 성경을 보게 된다. 내가 먹고 소화해야 하는데 그렇지 못한 상황에서 구연되고 마는 것이다.

자신만의 설교를 위해 평소에 묵상하여 은혜가 된 것을 늘 메모해 두고 그것을 잘 정리하여 선포하는 설교자가 되어야 한다. 큐티의 중요성이 여기에 있고 하나님과 설교자의 직접적인 관계 형성의 중요성이 여기서 드러난다. 고로 자신만의 설교를 원하는 설교자는 하나님과 깊은 대화가 가능한 기도의 골방이 있어야 한다.

너는 기도할 때에 네 골방에 들어가 문을 닫고 은밀한 중에 계신 네 아버지께 기도하라 은밀한 중에 보시는 네 아버지께서 갚으시리라 (마 6:6)

그리스도의 보혈과 성령의 기름 부으심이 있는 설교를 만들라

모든 설교의 출발과 마무리는 '하나님의 말씀을 선포'한다는 것이다. 그러므로 아무리 유창하고 완벽한 문장이라도 보혈의 능력의 적심과 성령의 기름 부으심이 없으면 좋은 설교가 아니다. 따라서 설교는 작성하기 전에나, 또 작성한 후에 이것을 위해 깊이 기도해야 한다. 기도하면서 이 말씀이 선포될 때 성도들이 변화되는 환상을 보아야 하며 하나님이 기뻐하실 모습을 그려 보아야 한다. 설교자가 자신의 설교에 대해 믿음이 없으면 은혜를 끼치기에는 역부족이다. 보혈의 적심과 성령의 기름 부으심을 위해 기도하면 내가 먼저 은혜 받고 그 설교에 대한 믿음이 생기게 되는 것이다.

그러나 여기서 주의해야 할 것은 은혜라고 해서 논리가 없어도 되는 것은 아니라는 점이다. 가능하면 완벽한 문장을 구성하고 중요한 포인트를 체크해야 한다. 설교 전체를 머리에 그릴 수 있고 자유롭게 구연할 수 있어야 한다는 뜻이다.

'경쟁력 있는 설교'라는 제목만큼 부담되는 것도 없지만 이처럼 복된 말도 없다. 하나님이 세우시지 않으면 세상 그 누구도 설교자가 될 수 없다. 설교자는 하나님의 말씀을 선포해 영혼을 살리고 정신 혁명을 주도하는 하나님의 종이다. 이 얼마나 복된 일인가! 설교하는 일이 즐거워야 하고 설교하기를 기대해야 한다. 경쟁력 있는 설교를 통해 하나님의 교회가 다시 일어서게 되리라 확신한다.

2. 기도의 정석

새벽기도를 다시 살려라

조지 뮬러는 "이 시대는 기도의 빈곤밖에는 빈곤한 것이 없다."라고 했다. 목회하면서 참으로 공감이 되는 말이다. 기도하면 하나님이 풍성하게 채워 주시지만 기도하지 않으면 참 많은 부분에서 빈곤함이 드러나기 때문이다. 다시 뛰는 교회, 풍성한 교회가 되기 위해서 해야 할 정말 중요한 일이 기도하는 교회를 만드는 것이다. 부산수영로교회를 담임하셨던 정필도 목사님께서도 "목회자는 기도의 눈물로 강대상을 채우고 성도는 기도의 눈물로 자기 의자를 채우면 그 교회는 부흥한다."라고 말씀하셨다. 기도 없이 교회 부흥은 절대로 일어나지 않는다.

기도란 무엇인가? 기도는 하나님의 자녀 된 우리가 아버지 하나님과 교제할 수 있는 특권이다. 하나님은 기도라는 채널을 통해 거룩한 능력을 부어 주시고 그 뜻을 드러내신다. 이런 면에서 기도는 신앙생활과 교회의 여정에서 가장 중요한 일이다.

그렇다면 어떻게 기도하는 교회로 만들 수 있는가? 바로 새벽기도회를 살리는 것이다. 밤 문화를 누리고 있는 현대인들에게 새벽기도는 정말 힘든 일임에 틀림없지만 새벽기도를 포기할 수는 없다. 새벽만큼 기도하기에 좋은 시간도 없는 데다, 새벽 시간 외에는 기도하기 어려운 시대가 되었기 때문이다.

어렵지만 새벽기도를 뚫을 수 있다면 부흥의 길은 자동으로 열리게 된다. 물론 많은 교회들이 새벽기도를 드리긴 하지만 어쩔 수 없이 드리는 것은 아닌가 할 정도로 무기력해 보이는 경우가 많다. 젊은이들을 보기 힘든 새벽기도회, 역동성이 느껴지지 않는 새벽기도회, 간증이 없는 새벽기도회가 현대교회의 새벽기도회에 대한 평가적 표현이 아닐까.

어떻게 하면 새벽기도회를 다시 살릴 수 있을까? 나도 빛가온교회(구. 상계교회)에 부임하면서 새벽기도를 재건하기 위해 참 많이도 씨름하였다. 다시 뛰는 교회를 만들기 위해 고심하는 분들에게 도움이 되고자, 새벽기도를 재건하기 위한 빛가온교회(구. 상계교회)의 몇 가지 시도를 소개하려고 한다.

1) 부르짖는 기도를 통하여 기도의 야성을 찾으라

신앙의 3대 원리는 예수 믿어 구원 받고, 부르짖어 능력 받고, 봉사하여 축복을 누리는 것이다. 그중에 부르짖는 것은 신앙의 허리와도 같아서, 부르짖는 부분이 약해지면 교회의 체질 전체가 약해진다. 그래서 빛가온교회(구.상계교회)는 새벽에 리더 그룹들이 먼저 나와 부르짖기 시작했다. 그 부르짖음이 전교인들에게도 전해지니 부르짖는 자들의 가슴이 뜨거워졌고 예배가 역동적으로 변했으며, 이렇게 성령의 일하심이 나타나자 새벽기도회가 소문이 나면서 모이는 수가 늘어나게 되었다. 30명으로 시작한 새벽기도회는 금세 200명으로 늘어났고, 특별 새벽기도회는 700명 이상이 모이게 되었다. 분명한 것은 부르짖는 기도의 회복이 성도와 교회의 영성을 깨우고 가슴에 있는 영적인 야성을 깨운다는 것이다.

2) 새벽기도회를 간단하지만 강력하게 구성하라

새벽기도회는 30분 정도 진행되는데 처음에 두 곡 정도 뜨겁게 찬송을 부르고, 그다음으로 은혜를 사모하며 통성으로 기도하고, 이어서 인도자가 헌금을 위해 기도했다. 그 후 본문 말씀을 읽고 20분 정도 설교를 하는데, 새벽 설교는 철저히 성경을 묵상하고 말씀이 주는 메시지를 전하려고 노력했다. 그리고 새벽기도를 인도하는 목회자들은 구약과 신약의 균형미를 갖추려고 노력하였다. 새벽 설교지만 뜨겁게 인도하고 거기에 맞는 찬송을 부른 후에 통성으로 기도했다. 이때 사모하는 분들은 앞에 나오게 하여 안수 기도도 받게 했다. 이처럼 짧지만 강력한 예배는 성도들의 영혼을 깨워 주었다.

3) 새벽기도에 나올 수밖에 없는 시스템을 만들라

그 방법으로 1부는 새벽 5시, 2부는 새벽 6시에 드렸는데, 남자들과 격장인들과 젊은이들을 새벽기도회에 참석하게 하려는 배려였다. 의외로 반응이 좋아 새벽기도회에 참석하기 위해 용기를 내지 못했던 교우들, 특히 남성 성도들이 많이 참석하게 되었다. 또한 한 달에 한 주는 '전교인 새벽기도회'라고 하여 전교인들을 기도회 자리로 초대하였다. 이때는 담임목사가 일주일 내내 한 주제를 가지고 설교하며 축복해 주는 시간을 갖고, 대표기도와 특송을 준비하게 하여 성도들이 예배에 참여할 수 있게 했다. '평생 하는 사람도 있는데, 한 주 정도야 뭐!'라고 생각하며 도전하는 성도들이 많아졌고, 그 새벽기도회를 통해 새벽기도의 묘미를 발견하는 사람들도 점차 늘어났다.

이렇게 기도를 리메이크하면서 새벽기도가 살아났고, 새벽기도의 활성화를 통해 교회는 다시 일어나 부흥을 향해 뛰기 시작했다. 나는 사랑하는 나의 조국교회들이 새벽기도를 포기하지 않았으면 한다. 포기하지 말고 다시 새벽기도를 살려 부흥을 맛보는 축복을 누리길 바란다. 분명한 진리는 '새벽기도가 살면 성도와 교회가 산다!'는 것이다.

중보기도대를 만들라

하나님이 참으로 기뻐하시는 기도가 있는데, 바로 중보기도다. 중보기도란 중보자이신 예수님의 마음을 가지고 하나님 앞에서 나라와 민족, 교우들과 이웃을 위해 하는 기도이다. 중보기도는 하나님의 긍휼을 구하는 기도이다. 하나님은 중보기도를 통해 하늘 보좌를 움직이시며 세계를 통치하신다.

중보기도의 유익은 중보기도를 하는 교회에는 하나님이 실제적으로 일하심이 나타난다는 것이다. 즉, 영적인 역동성이 나타난다. 또한 중보기도를 하는 교회는 교우들 간에 영적인 애정과 사랑이 깊어진다. 참된 영적 공동체가 된다는 말이다. 또한 중보기도를 하는 교회는 나를 넘어서 너를, 우리교회를 넘어 한국교회를, 우리나라를 넘어 세계를 향한 넓은 세계관을 갖게 되는 축복을 누린다.

그렇다면 어떻게 중보기도를 하는 교회로 만들 수 있을까? 빛가온교회(구. 상계교회)의 중보기도대를 만든 과정과 어떻게 운영하고 있는지를 보며 도움이 되길 바란다.

내가 빛가온교회(구. 상계교회)에 부임했을 때는 중보기도팀이 없었다. 그래서 우선 사용하지 않는 장소 중에서 적합한 곳을 찾아 중보기도실을 꾸미고, 설교 시간에 중보기도의 중요성을 가르친 뒤 중보기도학교를 열겠다고 알렸다. 처음에는 생소하여 망설이는 이들도 많았지만 설득하고 또 설득해서 70명의 지원자들을 모아 놓고 8주에 걸쳐 중보기도에 대한 교육을 시작하였다. 그들은 교육을 통해 기도의 중요성을 알게 되었고 자연스럽게 새벽기도회에 나가 부르짖었다. 그러자 본인들은 기도의 능력을 갖추게 되고, 교회는 새벽기도의 불길이 솟아오르게 되었다. 8주의 교육을 마치고는 주일 저녁예배 때 성대하게 중보기도대 발대식도 가졌다. 성도들 앞에서 소개해야 본인도 사명감을 가지게 되고, 성도들도 신뢰하면서 그들에게 주저하지 않고 기도를 부탁할 수 있기 때문이다.

교회 곳곳에 중보기도 신청함과 중보기도 요청 카드를 만들어 비치하고, 성도들에게 중보기도 요청 카드에 기도 제목을 써서 신청함에 넣도록 했다. 그리고 매주 카드에 적힌 기도 제목과 교회를 위한 기도 제목, 나라와 민족을 위한 기도 제목, 목회자들과 사역자들을 위한 기도 제목들을 잘 모아 중보기도실로 옮겼다. 그러면 70명의 기도 용사들이 아침 9시에서 저녁 10시까지 한 사람이 1시간씩 기도실을 지키면서 기도 제목을 놓고 기도한다. 이때 참 많은 간증들이 나타났다.

이뿐만이 아니었다. '30인 기도 정병단'을 만들어 매주 월요일 밤 9시부터 11시까지 모여 목회자를 위해 집중적으로 기도하게 하였다. 상처가 많았던 교회였기에 목회자들이 힘을 얻지 않으면 개혁할 수 없었기 때문이었다. 이 모임은 기도의 은사가 있고 영적인 파워가 있는 여자 장로님의 인도 아래, 기도를 위해 목숨을 걸 30명이 함께하였다. 참 감사하게도 그들이 모여 기도하면서 목회의 리더십이 서기 시작했고, 건강도 좋아졌다. 물론 월요일 저녁마다 모여 기도하던 그들에게도 하나님은 간증할 만한 많은 복을 내려 주셨다.

시키지도 않았는데 그 30인들을 중심으로 매 예배마다 30분 전에 나와 담임목사와 그 예배 설교자들을 기도로 경호하는 '경호 기도대'가 생겨났다. 신비한 것은 기도는 하면 할수록 더욱 탄력이 붙는다는 것이다. 하나님의 일하심을 보기 때문이다.

빛가온교회(구. 상계교회)에는 또 하나의 중보기도팀이 있는데, '치유를 위한 중보기도대'이다. 성도들 중에 영적으로 잘 훈련되어 있고 치유의 은사가 있는 자들을 세워 영육이 병든 자를 위해 매주 월, 화, 목요일 오전 11시에 기도하게 했다. 그러자 많은 이들의 성력의 능력으로 치유되는 역사가 나타났으며, 동시에 성도들 속에 있던 문제와 상처들이 드러나면서 이를 함께 아파해 주는 사랑의 역사가 일어났다. 대게 목회자들은 한 사람에게 집중적으로 매달리기가 힘든데, 이 같은 치유 사역으로 인해 목회자들의 짐이 많이 줄어들게 되었다. 또한 성도들은 사역함으로써 영적인 역동성이 고양되는 축복을 맛보게 되었다.

요즘에는 '라파핸즈'라는 치유 심방팀을 만들어 교회에 나오지 못하는 입원 환자나 고령의 성도들, 치매 환자 등을 심방해서 함께 예배도 드리고 치유를 위한 중보기도도 한다. 평생 교회에 나오시던 노인 성도님들이 아파서 교회를 나오시지 못하니 얼마나 교회가 그립고 예배가 그립겠는가. 심방 갈 때마다 너무나 좋아하시고 감사해하시는 그분들을 뵐 때면 함께 사역해 주는 이들이 그저 고마울 뿐이다.

다시 뛰는 교회, 부흥하는 교회를 만들려면 중보기도 사역을 해야 한다. 처음에는 낯설지만 시도해 보면 그 교회 형편에 맞는 좋은 팀이 꾸려질 것이고, 그들이 사역함으로써 교회에 하나님의 일하심이 많이 나타나게 될 것이다.

기도에 도전할 기회를 만들라

반드시 해야 하는데 잘 하지 못하는 것이 바로 기도 생활이다. 차일피일 미루다가 인생에 빨간불이 들어오고 나서야 기도의 발을 내딛는 경우가 허다하다. 빨간불이 들어오고 기도의 자리로 나오기라도 한다면야 좋겠지만 아예 믿음의 삶을 떠나 버리면 낭패 중에 낭패가 아닐 수 없다.

그러기 전에 목회자와 교회는 성도들에게 기도에 도전할 기회를 만들어 주어야 한다. 무슨 일이든 첫걸음을 내딛는 것이 매우 중요하다. 첫걸음을 내디디면 그다음은 그리 어렵지 않게 도전할 수 있다. 따라서 기도도 첫걸음을 뗄 수 있도록 믿음의 선배나 목회자들이 도와주어야 한다. 특히 목회자는 성도들이 기도할 수 있도록 기도의 자리를 만들어 줘야 한다.

우리 빛가온교회(구. 상계교회)는 성도들에게, 기도에 도전할 기회를 세 가지 차원에서 제공하고 있다.

첫 번째는 '전교인 새벽기도회'이다. 매월 한 주간을 정해서 월요일부터 금요 심야까지 전교인들이 모여 기도하는 것이다. 주제를 정하여 광고하고 참여를 독려한다. "평생 새벽기도를 하는 분들도 있는데 딱 한 주간이니 도전해 보세요." 요일마다 교구별이나 선교회별, 교회학교 각 부서가 주최하도록 하고 매 시간 대표기도와 특송도 준비하게 한다. 또한 참여자들에게는 감사의 제목과 기도 제목을 적어 헌금하게 하고, 그때 드려진 헌금은 선한 목적으로 사용한다. 전교인 새벽기도는 담임목사가 인도하며 그 기간에는 원하는 자들에게 안수기도도 해준다. 전교인 새벽기도에 의무감으로 나왔다가 은혜 받고 기도를 체험하면 어느새 새벽기도꾼(?)이 된다.

두 번째는 '작정 밤 기도회'이다. 1년에 3달 정도는 전교인 새벽기도회를 작정 밤 기도회로 한 주간을 정해서 월요일부터 금요일까지 매일 밤 9시에 기도회를 한다. 여러 형편상 새벽기도에 참여할 수 없는 성도들이 기도할 수 있도록 밤에 기회를 마련해 주는 것이다. 퇴근하고 참여할 수 있도록 시간도 고려했으며 저녁식사를 하지 못하고 오는 성도들을 위해 빵과 음료도 준비한다. 진행 요령은 전교인 새벽기도회와 같다. '작정 밤 기도회'는 생각보다 장점이 많은데, 찬양단들이 뜨겁게 찬양할 수 있고 새벽기도회에 비해 오랫동안 마음껏 기도할 수 있다는 것이다. 그러니 성령의 역사하심을 많이 체험하고 많은 응답을 경험할 수밖에. 또한 현대인들이 밤 문화에 익숙하기 때문에 참여가 용이하고 타락한 밤 문화를 거룩한 문화로 바꿀 수 있다. 자녀들까지 온 가족이 참여하여 같은 말씀을 듣고 같이 기도하는 축복을 누릴 수도 있다. 어릴 때 기도의 축복을 체험하는 것은 평생의 영적인 생활을 좌우하니, 이 얼마나 감사한 일인가.

세 번째는 가을을 여는 '세이레 특별 새벽기도회'다. 9월 첫 주부터 시작하는 이 기도회는 분명한 주제를 가지고 매일 그날 설교하는 설교안을 나눠준다. 하루 종일 그 설교안을 보면서 묵상하며 삶에 적용하고, 차곡차곡 모아서 훗날 영적인 양식으로 삼게 하기 위함이다. 1부는 새벽 5시, 2부는 새벽 6시, 3부는 아침 9시 30분에 모이는데, 이 세 번의 모임에도 못 나오는 사람들을 위해 그날 설교를 영상으로 녹화하여 교회 홈페이지에 올려놓고 듣게 한다. 특히 학생들과 직장인들의 많은 참여를 위해 6시 예배 후에는 아침식사를 준비하여 먹고 등교하거나 출근하게 한다. 21일을 완주하면 선물도 준비하여 전달하고, 주일 저녁에 감사예배를 드리며 기도 중에 받은 은혜를 흠뻑 나누는 시간도 갖는다. '세이레 특별 새벽기도회'는 빛가온교회(구. 상계교회) 최고의 기도 프로그램이라고 해도 과언이 아니다. 온 가족이 참여하며, 어린 아이들 수십 명이 해마다 21일을 완주한다. 기도회를 통해 문제를 해결 받고, 여름철 휴가를 보내며 흐트러진 영적 생활도 재정립하며, 성령으로 무장한 성도들로 하여금 가을철 전도 운동으로까지 이어지게 한다.

현대교회는 설교 듣는 시간은 많으나, 기도를 통해 체득화(體得化)하는 시간이 적은 것 같다. 아무리 설교 말씀을 들어도 그것을 기도로 녹여내지 않는 한, 그 말씀이 가슴까지 가지 못하고 머리에만 머물게 된다. 따라서 반드시 기도해야 한다. 부르짖어 능력을 받아야 하고, 기도하여 하나님과 교제하면서 그분의 마음을 알아야 하며, 그분의 성품이 흐르게 해야 한다.

다시 뛰는 교회, 부흥하는 교회를 만들고 싶은가. 그렇다면 기도를 리메이크하여 기도하는 교회가 되게 해야 한다. 기도 없는 교회는 절대 부흥할 수 없기 때문이다. "기도하게 하라!" 이것이 이 시대 한국교회, 특히 감리교회를 향한 하나님의 음성이 아닐까.

3. 비전의 정석

남들이 비웃을 정도의 큰 비전을 설정하라

미국 하버드 대학의 지도자 연구 센터에서 미국의 최고 경영자 중 비약적인 발전과 성공을 거듭하는 150명을 직접 만나 인터뷰를 했는데, 그들에게서 세 가지 공통점을 발견하게 되었다고 한다. 첫 번째는 하나님을 최고의 경영자로 모신 것이고, 두 번째는 주변 사람들이 비웃을 정도의 큰 비전을 소유했으며, 세 번째는 끝까지 일을 해내는 찰거머리 같은 끈기를 가진 것이었다.

이 세 가지 중에서 가장 눈에 띄고 동의할 수 있었던 것은 '주변 사람들이 비웃을 정도의 큰 비전을 소유하였다'는 점이었다. 지난 30년의 나의 목회 사역을 뒤돌아보아도 비전의 힘은 정말 엄청나다는 것을 알 수 있다. 하나님이 주신 비전을 가슴에 품고 그 비전을 이루기 위해 최선을 다할 때 하나님이 도와주셨으며, 비전을 공유한 성도들이 동역해 주어 기대 이상의 교회 부흥과 개인의 성장을 맛볼 수 있었다.

그렇다면 비전(vision)이란 도대체 무엇인가? 무엇이기에 비전을 가진 자를 하나님이 복 주시고, 비전을 가진 자들 주변에 사람들이 모여드는가? 비전이란 창조주 하나님께서 나를 이 땅에 보내실 때 나를 향해 가지신 계획이다. 따라서 피조물인 나의 입장에서는 비전이란 하나님 앞에 반드시 감당해야 할 사명(mission)인 것이다. 그리고 이것을 실행 가능하도록 구체적으로 풀어낸 것이 꿈(dream)이다. 이 비전과 꿈은 인생의 방향성이며, 열정의 샘이고, 하나님의 복을 담는 축복의 그릇이다.

예수님을 만나기 전의 내 꿈은 역사를 가르치는 교사였다. 그러나 신학을 전공하면서는 교수의 꿈을 갖게 되었다. 그러다가 34세가 되었을 때 유학 비자가 거절된 후 절망감으로 기도하던 중, 하나님은 내가 사도행전 11장에 나오는 바나바처럼 지도자를 길러 내는 사람(leader maker)이 되기를 원하고 계심을 깨닫게 되었다. 신기하게도 그날 그 비전을 깨닫는 순간, 마음에 쌓여있던 원망과 불평이 사라지고 가슴이 뛰기 시작했다. 그리고 여러 날 엎드려 기도하며 그 비전을 구체적으로 어떻게 실천할지를 하나님께 물어보았다. 그리고 내린 결론은 '나로 인해 1만 명이 구원받고, 그중 1000명이 각계각층의 지도자가 되며, 그중 100명이 글로벌 리더가 되어 세계에 거룩한 영향력을 끼치고, 그중 10명이 영적 거장이 되어 영적 흐름을 바꾸고, 그중 1명이 노벨평화상을 받게 하는 것'(11111의 비전)이었다.

이 비전과 꿈을 설정한 후 매일 기도하며 외쳤다. 정말 감사한 것은 꿈은 내가 꾸지만 그 꿈이 나를 만드는 것을 체험하였고 지금도 체험하고 있다는 것이다. 이 비전과 꿈 때문에 나와 빛가온교회(구. 상계교회)는 지난

12년간 초교파적으로 8200명의 목회자 부부를 초청하여 한국교회 미자립교회를 자립화는 일을 하고 있고, 매년 3000명의 청소년들을 초청하여 캠프를 진행하며 장학금을 주고 전국 중·고등학교 기도 모임을 만들어 한국의 미래 100년을 준비해 가고 있다. 아무리 생각해도 내가 할 수 있는 일이 아니다. 하나님이 주신 비전을 붙잡고 나갈 때, 하나님이 하게 하신 것이다.

한국교회가 다시 일어나 또 한 번 부흥을 노래하려면 비전을 점검하며 심혈을 기울여 다시 비전을 설정해야 한다(vision remake). 비전을 설정한다는 것은 하나님 앞에서와 역사 앞에서 교회의 방향을 재정립하는 것이다. 비전이 없으면 생존을 의하여 '그냥 있는 교회'가 된다. 그러나 분명한 비전이 있다면 부흥을 위하여 존재하는 '바로 그 교회'가 되는 것이다.

비전을 설정하고 목회자와 성도가 같이 그 비전을 공유하면 가슴이 뜨거운 교회, 열정의 샘이 터진 교회가 되어 주신 사명을 넉넉히 감당하는 교회가 된다. 그때 하나님은 그 교회에 다시 부흥의 불길을 붙여 주셔서 그 교회에서 성공자, 축복자, 간증자가 배출되게 하실 것이다.

교회는 최고의 하나님을 믿는 공동체로서, 세상이 비웃을 정도로 큰 비전과 꿈을 설정하고 그 꿈을 위해서 살아야 한다. 12명의 제자들과 함께 세계복음화의 기치를 내거셨던 예수님처럼 말이다.

교회의 본질에 맞는 비전을 세워라

다시 뛰는 교회를 만들기 위해서는 교회의 비전을 세우는 일이 매우 중요하다. 비전으로부터 방향과 열정이 나오며, 하나님의 복을 담을 그릇이 마련되기 때문이다. 그런데 문제는 '그 교회에 맞는 비전을 어떻게 세울 것인가'하는 점이다. 교회를 컨설팅하다 보면 비전이 너무 거창하고 멋스러워(?) 그 교회와 상관없어 보일 때가 많다. 세운 비전이 교회와 맞고 구체적이어야 성도들의 가슴에 불을 지를 수 있다.

교회의 비전을 세우기 위해서는 몇 가지가 고려되어야 하는데, 첫 번째는 '교회의 본질' 즉 교회의 존재 이유에 부합되어야 한다는 것이다. 존 맥아더는 『하나님이 계획하신 교회』에서 "하나님의 뜻이 하늘에서 이룬 것같이 땅에서도 이루어질 수 있는 곳이 바로 교회이다. 그러므로 우리는 하나님의 뜻에 맞는 교회를 세워 하나님을 영화롭게 하는 데 모든 초점을 맞추어야 한다."라고 했다. 너무도 지당한 말이 아닌가! 하나님의 뜻이 이루어지지 않는 공동체는 수만 명이 모여도 교회가 아니다. 바로 하나님의 뜻이 교회가 존재해야 할 이유이며 교회의 본질이다.

누가 뭐래도 하나님의 최고의 소원은 '영혼 구원'이다.

하나님은 모든 사람이 구원을 받으며 진리를 아는 데에 이르기를 원하시느

니라 (딤전 2:4)

예수 믿어 죄 사함 받고 하나님의 자녀가 되어 영원한 생명을 누리는 것, 즉 영혼 구원이 하나님의 뜻이며 교회의 제1존재목적이다. 너무 구식처럼 느껴지는가. 그래도 이것은 진리이다.

교회는 구제 단체도, 장학 단체도, 사회복지 단체도 아니다. 교회는 철저히 영혼 구원에 매진해야 하는 공동체이다. 이 영혼 구원을 위해 구제나 장학 사업을 해야 하는 것이다. 순서를 바꾸면 안 된다. 어떻게 해서라도 사람들이 예수님을 믿어 하늘의 생명을 누릴 수 있도록 해야 한다. 영혼 구원을 위해 열심히 기도하고, 영혼 구원을 위해 목숨 바쳐 전도해야 한다. 이 대목에서 한 가지 짚고 넘어갈 것이 있는데, 전도를 교회 성장운동으로 변질시키면 안 된다는 것이다. 교회 성장운동이라 여기기 때문에 전도하는 이들도 열정이 없고, 전도 받는 이들도 짜증을 내는 것이다. 전도는 교회 성장운동을 넘어 영혼을 구원하는 생명운동이다. 생명운동을 벌이다 보면 성장도 따라오는 것이다.

하나님의 또 한 가지 소원은 구원받은 당신의 자녀들이 성장하여 하늘나라의 증인이 되는 것이다. 다시 말해, 구원을 경험한 이가 성경적 가치로 무장하고 성령의 기름 부으심을 경험하여 작은 예수의 삶을 살아내는 것이다. 이것이 바로 '양육'이다. 양육은 교회의 제2존재목적이라고 믿는다. 예수님이 공생애 중에 그 모범을 보여 주셨다.

교회는 사람을 키우는 곳이다. 교회는 사람을 키운 만큼 거룩하고, 사람을 키운 만큼 영향력이 있게 되는 공동체이다. 회사 CEO 한 사람을 성경적인 증인으로 만들어 내면 한 회사가 변화된다. 교사 한 사람을 훈련하여 학교에 보내면 학교가 하나님 나라가 된다.

교회 비전을 세우는 데 있어 가장 먼저 고려되어야 할 것이 바로 교회의 본질인 '영혼 구원과 양육'이다. 얼마나, 어떻게 영혼을 구원하고 양육할 것인지가 분명히 제시되어야 한다.

내가 빛가온교회(구. 상계교회)에 부임하여 비전을 설정했을 때 이 두 가지를 놓고 많이 고민하며 기도하였다. 2004년 부임한 날 출석한 성도들은 450명이었지만, 주님께서 1000만 서울의 1/1000은 감당해야 할 부담감을 주셔서 3가지 비전 중 하나로 〈1만 명이 모여 서울을 주도하는 교회〉로 정하였다.

1만 명을 전도하여 구원받게 하고, 그들 중에 1000명의 리더, 100명의 글로벌 리더, 10명의 영적 거장, 1명의 노벨평화상의 주인공을 배출하는 것이 빛가온교회(구. 상계교회)의 비전이며 기도 제목이었다. 모든 성도들과 그 비전을 공유하며 열심히 전도하고 양육하며 지금까지 달려왔다. 신기하게도 '꿈은 내가 꾸지만 그 꿈이 나를 만드는 법칙'은 교회 공동체에도 그대로 적용되어 빛가온교회(구. 상계교회)는 현재 2000명이 출석하는 교회가 되었고, 복된 지도자들을 더 잘 키우기 위하여 미래 비전 센터를 짓고 있다. 꿈의 요리사이신 하나님은 반드시 그 꿈을 이루어 주시리라 믿는다.

목회자의 은사에 맞는 비전을 세워라

앞서 말한 대로 비전은 그 공동체의 방향성이고 열정의 샘이기 때문에 교회가 다시 살기 위해서는 교회의 비전을 세우는 것이 매우 중요하다. 교회의 비전 세우기 제1원칙이 교회의 본질에 맞는 비전을 세우는 것이라면, 제2원칙은 '목회자의 은사에 맞게 비전을 설정하라'이다.

목회자는 교회 공동체의 지도자이기 때문에 지도자가 할 수 있는 일이어야만 그 비전이 추진되고 발전해 갈 수 있다. 제아무리 좋은 비전이라도 목회자가 할 수 없는 일이라면 그 비전은 몽상에 불과할 것이다. 이 제2원칙에 따라 교회의 비전을 정하려면 우선은 목회자가 자기 자신을 잘 파악하고 있어야 한다.

내 성향(style)은 무엇인가? 여기서 스타일은 일을 추진하는 방법이다(how). 그 방법이 체계적인지 체계적이지 않은지를 구분하고, 일 중심적인지 사람 중심적인지를 구분해야 한다. 또한 나의 열정(passion)은 무엇인가? 여기서 열정은 나의 관심이 어디에 있는가(where)이다. 마지막으로 내게 주어진 은사가 무엇인가? 여기서 은사는 무엇을 가지고 과업을 이룰 것인가(what) 하는 것이다. 이 세 가지를 모아 보면 목회자 자신이 어떤 사람인지를 알 수 있게 되고, 본인에게 주어진 비전이 무엇인지도 알게 된다.

나 같은 경우는 일 중심적이며 체계적인 스타일이고, 젊은이들에게 열정이 있고, 은사 테스트를 통해 가르침과 조직 그리고 영분별의 은사가 있음을 알 수 있었다. 내가 살아온 날을 뒤돌아보면 이러한 결과에 동의할 수 있었다. 모든 것을 종합하여 나의 비전을 '지도자 만드는 사람(leader maker)'으로 설정하고, '나로 인해 1만 가정이 구원받고, 그중에 1000명의 지도자가 나와 사회 구석구석에서 하나님 나라를 이루고, 그중에 100명의 글로벌 리더가 나와 세상에 거룩한 영향력을 끼치며, 그중에 10명의 영적 거장이 나와 세계의 영적 흐름에 영향력을 끼치고, 그중에 1명이 노벨평화상을 받아 복음의 승리를 드러나게 하는 것'으로 풀어냈다.

이런 나의 은사와 비전은 빛가온교회(구. 상계교회)의 비전을 설정하는 데 그대로 반영되었다. '영적인 북동풍으로 한국을 예수 마을로 만드는 교회'라는 비전을 이루기 위해 '인재를 양성하여 한국과 세계에 도전을 주는 교회'라는 꿈을 설정하였다.

이 같은 비전 설정을 한 뒤 빛가온교회(구. 상계교회)에서는 두 가지 프로젝트를 실행 중이다. 하나는 미자립교회 목회자를 초청하여 목회자들에게 도전을 주며 목회를 가르쳐 자립하게 함으로써 한국교회를 살리는 리메이크 교회 부흥 세미나인데, 12년째 진행 중이다. 또 하나는 7년째 진행 중인 여름 청소년 성령 기름 부음 캠프이다. 이는 전국 청소년 3000명을 초청하여 비전을 발견하고 은혜를 체험하게 한 후 학교 기도 모임을 만들어 그들 중에 한국의 미래 100년을 이끌어갈 지도자가 나오게 하는 것이다.

교회 안에서도 이런 비전을 이루기 위해 매월 첫째 주 목요일에 목회 코칭 세미나를 진행하고, 소그룹과 선정된 미자립교회와 연결하여 기도와 물질을 지원하며 여름 아웃리치를 진행하고 있다. 또한 토요 영어학교를 진행하고, 중·고등학생 비전스쿨을 연 1회 시행하여 학생들의 비전을 설정할 수 있게 하고, 학교 기도 모임을 만들어 이끌게 하며, 길거리 청소년 밥퍼 사역을 진행 중이다.

제2원칙에 따라 비전이 설정되기 위해서 또 하나 기억해야 할 것이 있다. 목회자 자신뿐만 아니라 비전 선정 위원회에서도 목회자의 비전에 대한 고려를 반드시 해야 한다는 것이다. 아무리 멋진 비전이라도 목회자가 이끌어 갈 수 없는 한, 그 비전에 생명력이 부어지지 않고 꾸준히 추진되지 못하기 때문이다. 위원회가 그런 유연성을 가지고 목회자와 많은 토론을 거쳐 교회의 비전과 꿈을 설정해야 한다.

비전이 멋지고 근사하면 좋겠지만 실행할 수 없다면 무슨 의미가 있겠는가. 현수막용 비전이 되지 않으려면 목회자의 은사가 고려된 구체적이고 실질적인 비전이 설정되어야 한다.

상황을 고려하여 비전을 세워라

우리 교회가 섬기는 어느 교회를 방문하여 그 교회를 컨설팅 해드릴 기회가 있었다. 먼저 그 교회의 비전부터 보았다. '3000명이 모여 300개 셀을 만들고 30명의 선교사를 파송하는 교회!' 가슴이 뛸 만한 비전임에 틀림없었다. 그러나 문제는 그 교회가 몇 십 명도 모이지 않고 있으며 그리 크지 않는 농촌 지역에 있다는 것이었다. 비전 자체는 너무나 근사했지만 그 교회의 상황과는 맞지 않아 보였다.

비전은 공동체의 방향이고, 열정의 샘이며 축복을 담는 그릇이기에 잘 설정되어야 한다. 앞서 비전을 잘 설정하려면 교회의 본질, 목회자의 은사가 고려되어야 한다고 했다. 이에 한 가지 더 고려되어야 할 것이 있으니, 바로 그 교회가 처한 상황이다. 제아무리 멋지고 근사하더라도 그 지역이나 교회의 상황이 고려되지 않은 비전에 대해서는 공동체의 구성원들이 반응을 보이지 않는다. 피부로 와닿지 않기 때문이다. 공유되지 않는 비전은 절대로 성취되지 않는다는 것을 명심하고 비전을 설정해야 한다.

내가 충남 청양교회에 부임하여 비전을 설정할 때의 이야기다. 그 당시 청양이라는 지역은 인구가 12만 명에서 3만 7천 명까지 줄어든 상태였다. 젊은이들은 도시로 떠나고, 극장이나 유명한 패스트푸드 체인점 하나 없이 문화시설이 미비한 상태였다. 게다가 주요 산업이 농업이었기에 공장도 없었다. 주로 도시에서 사역하던 나였기에 참 막막하기만 했다.

그러던 어느 날, 새벽에 기도하던 중 하나님께서 큰 통찰력을 던져 주셨는데, 이 청양 지역을 복음의 도시로 만들면 어떨까 하는 생각이었다. 순박하고 선량한 사람들이 사는 곳, 도시 문명에 찌들지 않은 따뜻한 곳, 이곳에 하나님의 성령이 불같이 임한다면 미국의 펜서콜라처럼 전국에서 영성을 충전하기 위해 몰려오지 않을까? 그래서 교회의 전체 비전을 '청양을 복음의 특별시로 만드는 교회'라고 설정하였다. 그리고 교인들에게 여러 주 동안 설교하며 설득하였다. 그러자 신기하게도 이 비전은 교인들에게 용기를 주었고, 우리 교회도 한국교회에 좋은 도전을 줄 수 있다는 가능성을 갖게 하였다.

이 비전을 이루기 위해 기도의 바람을 일으켰다. 기도 없는 성령의 역사는 없기 때문이다. 새벽과 저녁에 모여 뜨겁게 기도하고, 낮에는 중보기도대를 만들어 하나님의 역사를 구하였다. 그러자 기도회에 사람들이 몰려들기 시작하였고 하나님은 함께하신다는 갖가지 표적을 보여 주셨다. 기도에 응답이 있으니 교인들은 설렘과 흥분으로 가득 찼고, 잠자던 교회가 깨어나기 시작했다. 기도의 지경이 넓어지면, 믿음의 지경도 넓어지는 법이다. 지금까지 나, 우리 가정, 우리 교회에만 머물렀던 시선들이 이제는 지역과 민족, 역사를 품기 시작한 것이다.

이때 두 가지 사역을 시작하였다. 하나는 이 지역의 다음 세대를 세우는 일이었다. 한국을, 이 시대를 품는 가장 빠른 길은 다음 세대를 세우는 일이라고 교인들을 설득하였다. 청양 지역에는 두 개의 중학교, 두 개의 고등학교(농고, 여상)가 있었지만, 교회에는 중·고등부를 합쳐 4명밖에 모이지 않고 있었다. 그래서 비전트립을 선포하고 40명을 선착순으로 모집하여 서울대, 이화여대, 건국대를 방문하였다. 꿈을 키우는 작업을 하고 싶었던 것이다. 그 학교에 진학하기 원하는 학생들에게 도서관 앞에서 사진을 찍게 하고 액자에 넣어 책상 앞에 걸고 매일 바라보게 하였다. 내려오는 길에는 온누리교회에 들러 교회도 이렇게 엄청날 수 있음을 보여 주었다. 이 비전트립을 계기로 현직 교회에서 헌신자들이 나와 교회에서 매일 저녁 공부방을 시작하여 학업도 지도하고 복음도 심어 주었다. 놀랍게도 4명으로 시작한 중·고등부는 1년 만에 120명이 모이는 기적이 일어났고, 훗날 그들 중에 서울대 의대, 연세대, 육사에 합격하는 놀라운 일이 일어났으며, 40개월 만에 7명이 신학교에 입학하는 쾌거를 이루게 되었다.

또 하나의 사역은 노인대학이었다. 2001년 당시 청양의 인구 중 65세 이상이 23.4%였다. 그 어른들을 모시고 매주 토요일마다 오전 10시부터 오후 1시까지 좋은 프로그램과 위로 말씀 잔치, 식사 대접, 관광 등의 프로그램을 진행하였다. 그러자 외로운 노인들이 교회를 안식처로 느끼기 시작하면서 교회를 알리는 전도자 역할을 해주셨다.

이 두 사역은 청양 지역에 '청양교회는 우리 지역을 사랑하는 교회, 우리 지역을 진심으로 축복해 주는 교회'라는 이미지를 만들어 주었고, 그 결과 전도의 문이 열리기 시작하여 40개월 만에 장년 4-500명, 교회학교 2-300명이 모이는 기적을 이루게 되었다. 이것은 지역을 고려한 비전 설정과 그 비전을 이루기 위해서 지역에 맞는 사역을 진행한 결과가 아닐까 한다.

다시 뛰는 교회가 되기를 진정으로 원한다면 교회의 본질에 부합하고 목회자가 할 수 있으며, 그 지역 상황에 맞는 비전을 설정하고 그대로 들고 나가야 한다. 다시 뛰는 교회를 이루기 위한 중요하고도 중요한 열쇠는 '비전'이다.

세운 비전이 현실화되게 하라

한국교회 약화의 원인 중 하나가 말잔치만 풍성한 것이 아닌가 싶다. 그 말들이 현실화되어 열매가 맺혀져야 교회가 성장하여 이 땅에 하나님의 나라를 이루는 통로가 될 수 있다.

비전도 이와 동일하다. 세운 비전이 반드시 현실화되어야 한다. 말로만 끝나는 비전은 '현수막용'에 불과하다. 세운 비전이 현실화되는 것은 비전을 세우는 것만큼이나 중요한 일이다.

그렇다면 어떻게 해야 세운 비전이 현실화될 수 있을까? 비전을 현실화하기 위해 두 가지를 조언하고 싶다.

첫 번째는 세운 비전을 이룰 사람들을 양육하는 것이다. 비전은 하나님이 이뤄 주시는 것이 아니라 비전을 공유하고 훈련받은 사역자들을 통해 이뤄지는 것이다. 믿음 없는 말로 들리는가. 절대 그렇지 않다. 하나님은 사람을 통하여 일하신다. 홍해도 모세를 통해 갈라졌고, 가나안도 여호수아를 통해 정복하지 않았는가. 그러므로 성도들을 훈련해야 하는데, 이 훈련의 시작이 바로 '비전 공유'이다. 비전을 공유하면 가슴이 뜨거워진다. 그리고 뜨거워진 가슴을 가진 성도에게 '성도는 구경꾼이 아니라 사역자'임을 가르쳐야 하고, 그 사역을 감당할 수 있도록 능력을 키워 주어야 한다. 그것으로 끝나는 것이 아니라 또 다른 사람들을 사역자로 길러 내도록 해야 한다.

디트리히 본 회퍼는 그의 책 『The Cost of Discipleship』에서 "대다수의 그리스도인들은, 믿음은 쉽게 고백하면서도 훈련을 받지 않기에 의의 종이 되지 못한다."라고 말하며 양육의 중요성을 강조했다. 성도는 양육을 받고 사역자가 되어 사역할 때 행복하고, 성도들이 행복하게 사역할 때 목회자는 목회의 본질을 강하게 추진할 수 있게 된다. 성도들이 사역할 때 교회가 평안해지고 강한 군대가 된다. 주어진 비전을 성취하고, 더 큰 비전을 성취하려면 평신도 리더들을 체계적이고 지속적으로 양육해야 한다. 양육 교재는 중요하지 않다. 요즘에 좋은 교재는 얼마든지 많다. 목회자가 용기를 가지고 시도하는 것이 중요하다. 시도하다 보면 노하우가 생길 것이다.

빛가온교회(구. 상계교회)는 목회자들이 인도하는 성경공부 모임이 기초반, 초급반, 중급반, 고급반으로 이루어져 있다. 또한 금년부터 평신도가 가르치는 상계 바이블 아카데미를 시작하였는데, 성경적 경제관을 가르치는 〈번영학교〉, 〈한국교회 초기 역사〉, 〈좋은 부모 되기 프로젝트〉, 〈로마서 영어로 읽기〉, 〈성경적 건강〉 등의 프로그램이 있다. 성도들이 자신들의 언어로 가르치고 모범을 보이니 그 반응은 폭발적이었다. 그런데 여기서 반드시 기억해야 할 것이 있다. 양육반을 그저 공부로만 끝내면 안 된다는 것이다. 반드시 양육 후에는 사역과 연결시켜야 한다.

두 번째는 비전을 이룰 시스템을 갖추는 일이다. 아무리 좋은 전략도 그것을 실행할 시스템이 없으면 그저 또 하나의 계획에 불과하다. 부흥하는 교회의 특징은 탁월한 영성과 그 영성을 담아내는 시스템이 있다. 전도할 수밖에 없는 시스템이 갖춰져 있으면 그 교회는 전도할 수밖에 없는 것이다. 불과 몇 년 전까지만 해도 은행에 가면 "한국 사람들은 질서 의식이 없다"라고 자조적으로 말하곤 했었는데, 은행에 번호표 시스템을 만드니 이러한 말은 쏙 들어가 버리지 않았는가.

비전을 이룰 시스템을 만들기 위해서는 교회의 중간 지도자들과 끊임없는 비전 공유 과정을 가져야 한다. 교회 중직들이 움직이면 안 될 일이 별로 없다. 그러나 그들이 움직이지 않으면 될 일도 안 된다. 빛가온교회(구. 상계교회)의 경우 해마다 기획 위원회 부부수련회를 갖는데, 여러 프로그램 중에서도 미래 비전적인 책을 읽고 토론하는 것이 단연 백미이다. 밤 12시를 넘기면서까지 토론이 이루어지는데, 그 토론을 통해 빛가온교회(구. 상계교회)에 적용할 점을 찾는다. 그리고 그것을 추려서 다음 해 목회에 반영한다. 또한 매월 마지막 주에는 기획 위원회 월례회를 통해 지난달을 평가하면서 앞으로 두 달간 이뤄질 일들도 함께 공유하며 기도한다. 그리고 매 주일 아침 8시 예배를 위한 중보기도 모임을 갖고 그 주에 이루어질 일들을 또 나눈다. 이처럼 함께 계획을 세우고, 함께 고민하며 함께 기도한 일인데 그 일을 이루는 데 한마음이 되지 않겠는가.

비전을 이룰 시스템을 만드는 데 매우 중요한 또 다른 한 가지는 팀을 만드는 작업이다. 모든 성도들로 하여금 자기 은사에 맞춰서 한 가지 이상 사역할 것을 가르쳐 주고, 은사대로 사역팀을 만들어 주어야 한다. 그러면 놀라운 일들이 일어난다. 목회자가 할 수 있는 것보다 훨씬 더 잘 해낸다. 다양성의 시대, 다양한 욕구가 분출되는 시대에 목회자가 어찌 다

감당할 수 있겠는가. 따라서 성도들의 사역팀이 반드시 있어야 한다.

빛가온교회(구. 상계교회)에는 노인대학 사역팀이 있는데, 매주 200명 정도의 지역 노인들을 섬기고 있다. 그런데 성전 건축으로 인해 노인들이 모일 공간이 없어져 버렸다. 이것을 핑계 삼아 사역을 포기할 수도 있었지만, 사역팀들은 회의를 거쳐 놀랄 만한 결정을 내리고 그대로 실행하였다. '모일 곳이 교회에 없으면 경로당이나 노인정으로 찾아가 노인대학을 운영하자!' 한 장로님이 팀장과 팀장이 된 평신도 사역팀들이 만들어 낸 결정이다. 놀랍지 않은가.

부흥하는 교회가 되기 위한 요건

- 예배를 살려야 한다.
- 설교가 변해야 한다.
- 기도가 살아나야 한다.
- 비전을 설정해야 한다.

예배 갱신하기

- 역동적인 예배가 필요하다.
- 느낌 있는 예배가 필요하다.

설교의 변화 일으키기

- 경쟁력 있는 설교를 만들어야 한다.
- 복음적인 설교를 만들라.
- 시사적 강해 설교를 만들라.
- 감동적인 설교가 되게 하라.
- 자신만의 색깔이 있는 설교가 되게 하라.
- 그리스도의 보혈과 성령의 기름 부으심이 늘 드러나는 설교가 되게 하라.

기도의 강력한 힘

- 새벽기도를 살려라
- 중보기도대를 만들라
- 기도에 도전할 기회를 만들어 주라

하나님 나라를 향한 비전 설정

- 남들이 비웃을 정도의 큰 비전을 설정해야 한다.
- 교회의 본질에 맞는 비전을 세워라!
- 목회자의 은사에 맞는 비전을 세워라!
- 상황을 고려하여 비전을 세우라!
- 세운 비전이 현실화되려면
  1) 비전을 이룰 사람을 양육해야 한다.
  2) 비전을 이룰 시스템을 갖춰야 한다.

다음 세대
사역을
'다시'
해야 한다

다음 세대 사역을 '다시' 해야 한다

다음 세대 사역, 이젠 절대적이다

나는 청소년 사역을 하기에는 나이가 좀 많다는 이야기를 종종 듣곤 한다. 그러나 적지 않은 나이에 청소년 사역을 하는 데에는 두 가지 이유가 있다. 하나는 2010년의 일 때문이다. 어느 날부터인가 점심을 먹고 나면 식곤증이 밀려왔다. 얼마나 잠이 쏟아지는지 일상생활이 불가능할 정도였다. 그래서 모 대학병원에 가서 진찰을 받았더니, 간염 수치가 엄청나게 올라가 있었다. 나는 그 길로 집으로 돌아와 모든 일정을 취소하고 가평에 있는 기도원으로 갔다. 아무 말도 하지 않고 어느 누구도 만나지 않았다. 그렇게 침묵하고 있는데, 주님이 내게 말을 걸어오셨다.

"아들아, 그간 내 교회를 위해 참 많이 수고했다. 내가 네 눈물과 땀과 피를 안다. 고맙다."

이 음성을 듣고 나는 '아, 이제 마지막이구나'를 직감했다. 여기까지가 내 전부였구나. 그런데 주님의 음성은 계속 이어졌다.

"너는 일어나 한국교회와 시대를 다시 세울 청소년들을 섬겨라."

이 말씀을 부여잡고 시작한 것이 청소년 기름 부음 캠프이고, 그때 시작한 청소년 캠프 사역을 7년째 이어오고 있다.

또 하나의 이유는 이때부터 청소년에 대해 관심을 가지고 한국교회를 바라보니 상황이 너무나도 심각해서였다. 예장 통계위원회의 보고에 따르면 청소년들의 수가 2011-2015년 사이에 19% 감소하였고, 감리교 연회 보고서에 따르면 2013-2016년 사이에 107,759명에서 88,325명으로 18%가 감소했다고 한다. 이대로 가면 한국교회와 사회는 미래가 없어 보였다. 그래서 나라도 힘을 보태고자 청소년 사역을 중심으로 한 다음 세대 세우기 사역을 시작한 것이다.

사역을 시작하면서 가장 먼저 한 일은 '왜 이렇게 되었을까'란 원인 분석이었다. 세 가지로 정리할 수 있었다. 하나는 저출산과 무신론적 사회 현상이고, 둘째는 우리 자녀들을 신음하게 하는 입시 위주 교육의 왜곡된 교육 시스템이며, 셋째는 교회 내의 문제이다. 청소년과 다음 세대 사역에 대한 이해도가 낮으니, 청소년을 청소년으로 보려는 노력이 부족했고 다음 세대 사역을 목적이 아닌 교회 성장의 수단으로 본 것이다.

또한 청소년 사역의 방향성을 잘못 잡은 것이 아닌가 하는 생각도 들었다. 영성을 깨우는 것보다는 '착한 아이 신드롬'에 빠져 윤리 도덕에 머문 신앙교육이 청소년들로 하여금 교회에 흥미를 느끼지 못하게 한 것이다. 성경으로 돌아가 보면 하나님께 강력하게 쓰임 받은 사람들의 특징은 어려서부터 하나님을 체험하여 영적인 세계가 열린 사람들이었다.

다음 세대들에게는 영적인 터치가 있어야 하는데 그러지 못했다는 것을 깨달았다. 어떻게 해야 할까 수없이 기도하고 몸부림치며 내린 결론은 이러했다.

가장 우선시할 것은 다음 세대 사역에 대한 믿음을 회복하는 것이다.

이 시대 한국교회는 너무 '안 된다'는 말을 많이 한다. 성경을 보면 하나님은 그 시대마다 젊은 일꾼들을 세우셨는데, 요셉이 그러했고 사무엘이 그러했으며 다윗이 그런 사람이었다. 하나님이 한국교회를 포기하지 않으시는 한, 이 시대에 맞는 인물을 반드시 키우실 거란 사실을 믿어야 한다.

그다음은 영적인 접근이 필요하다.

포스트모더니즘 시대의 중요한 키워드는 '이해'가 아니라 '체험'이다.

세대들에게 자꾸만 가르치려 하지 말고 그들이 하나님을 직접 만나도록 길을 안내하며, 성경 말씀을 체험하는 길을 열어 주어야 한다. 영적인 체험은 교회가 세상을 향해 갈 수 있는 마지막 보루이다. 영적인 체험은 세상이 흉내 낼 수 없다.

이를 위해 기도하여 청소년들로 하여금 성령의 기름 부으심을 경험하게 해야 한다. 더 부르짖게 만들어야 한다. 성령의 일하심을 더 많이 가르쳐야 한다. 그래서 현장에서 사역하게 해야 한다. 선교적인 마인드를 심어 주어 사역하게 하면 현장에서 하나님의 기적을 체험하게 되어 있다.

빛가온교회(구. 상계교회)는 '위아처치'(we are church)라는 선교 단체를 만들어 해마다 8월 첫 주에 전국 청소년들 3000명을 초청하여 '성령 기름 부음 캠프'를 진행해 왔다. 철저히 성경에 나오는 하나님 체험 운동, 즉 성경 체험 운동인 것이다. 그리고 그들에게 학교 기도 모임을 만들어 사역하게 했다. 지난 6년간의 열매는 정말로 놀라웠다. 노원구에만 해도 25개 중·고등학교에 기도 모임이 만들어지는 역사가 일어난 것이다.

다음 세대 사역은 한국교회와 이 나라 민족의 운명을 가름할 절체절명의 사역임을 확신한다. 다음 세대 사역이 성공하여 다윗 같은 사람을 키워낼 수 있다면 한국교회와 한국 사회의 미래는 열릴 것이다. 그러나 어렵다고 포기하면 미래는 없다. 다음 세대 사역, 이젠 절대적이다.

다음 세대 사역, 예배를 회복하라

한국교회 안에서 다음 세대를 세우는 일은 절대적이다. 여기서 절대적이라 함은 순교적 영성을 가지고 임해야 한다는 의미이다. 그러나 이 일은 열심만으로는 안 된다. 열심을 극대화하기 위한 전략이 필요하다. 전략은 다음 세대를 세우기 위하여 '어떻게 해야 하지? 무엇부터 해야 하지?'란 질문에 대한 대답으로부터 나온다.

다음 세대를 세우기 위한 가장 우선적인 전략은 하나님과 실제적으로 관계를 갖게 하는 예배의 회복이다. 전 세계 부흥 운동은 항상 예배 갱신에서 시작되었기 때문이다. 현재 중간 크기의 교회들마저 중·고등부가 무너져 내리고 대형 교회들도 위기에 처해 있다. 가장 큰 이유는 학생들이 교회에 머무는 시간이 줄어들었기 때문이다. 주일에 고작 한 시간 정도 교회에 머무는 실정이다. 대한민국 청소년들은 대학을 위해 목숨을 버릴 수는 있어도 예수님을 위해서는 아무것도 희생할 줄 모르는 세대가 되어 버렸다.

실제로 부모님의 성화에 못 이겨 예배에 나오는 학생이 교회에 도착하는 시간은 설교 후 헌금 시간일 때가 많다. 그런가 하면 교회는 다니지만 영적 경험이 전혀 없는 학생들도 많다. 크리스천 학생들 가운데 최소 70-80%는 기도와 말씀과는 거리가 먼 형식적인 신앙생활을 하고 있다.

그들의 삶을 가까이에서 보면 학교나 거리, 교회 등 가릴 것 없이 욕설이 난무하는 가운데에서 살아가고 있다. 이런 상황인데도 대부분의 교회들은 학생들이 그저 교회에 나오는 것만으로도 감사하게 여기고 있는 실정이다.

이런 상황에 처해 있는 다음 세대들의 예배를 어떻게 살릴 수 있을까? 이게 가장 큰 고민거리이다. 그들의 존재적인 특성과 시대의 특성을 알아보면 중요한 대답을 얻을 수 있지 않을까.

청소년기에는 육체적인 성장이 다방면에서 활발히 일어난다. 특히 이 시기에는 뇌 중에서도 이성적이고 합리적인 사고를 관장하는 전두엽이 크게 발달하지만, 완성되는 것은 아니다. 그래서 청소년들은 어른들에 비해 합리적인 사고가 힘들고 자기 절제나 충동 조절이 어려운 것이다. 그러나 전두엽이 비교적 덜 발달한 청소년들은 믿음이 뇌로 들어가는 것이 아니라 바로 가슴으로 내려가기 때문에 한 번 믿음의 맛을 보면 엄청 뜨거워진다. 바로 하나님의 창조 섭리이다. 알렉산더, 잔 다르크, 마르코 폴로 등은 모두 십대 때 영웅이 되지 않았는가. 따라서 청소년들에게는 가르치려고 하는 예배가 아니라 체험이 있는 영성에 집중한 예배가 필요하다.

정말로 이 시대 한국교회가 놓치고 있는 부분이 아닌가 한다. 영국의 복음 전도자인 톰 리즈(Tom Ress)는 영국의 모든 크리스천 가운데 75%가

14세 이전에, 14–21세 사이에는 20%가 예수님을 영접했다고 했다. 즉, 95%가 21세 이전에 예수님을 만난 것이다. 놀랍지 않은가. 21세 이후에 예수님을 영접한 사람이 겨우 5%에 지나지 않으니 말이다.

청소년기는 영적 문제에 민감한 세대이다. 즉, 영적 체험이 충분히 가능한 나이인 것이다. 따라서 우리는 대한민국의 청소년들이 예배를 통해 믿음을 맛보고, 믿음의 성장을 경험할 수 있도록 도와줘야 한다. 청소년들의 믿음이 성장하는 첫 번째 열쇠가 체험이 있는 예배임을 잊지 말자.

그다음은 우리가 살고 있는 시대를 봐야 한다. 과거 모더니즘 시대의 키워드가 '이성'이었다면 현재 포스트모더니즘 시대의 키워드는 '감성과 체험'이다. 또한 대중 매체의 발전은 지식을 앎이 아니라 직접 체험해야 믿을 수 있게끔 하였다. 피터 와그너나 에드 깁스와 같은 세계적인 교회 성장 학자들의 공통적인 견해는 '영성 중심의 예배가 있는 교회들은 지금도 부흥하고 있다'는 것이다.

여기서 내릴 수 있는 결론은 무엇인가. 바로 한국교회 다음 세대의 예배 틀을 바꿔야 한다는 것이다. 성경 말씀을 체험하고, 하나님의 살아 계심을 체험하고, 교회에서 사랑을 체험하는 예배로 나아가야 한다. 이때 가장 중요한 것이 성령의 기름 부으심이다. 프레임을 '성경 – 성령 – 성화'에서 '성령 – 성경 – 성화'로 바꾸어야 하는 것이다. 다시 말해, 성령님의 일하심을 경험하는 예배로 만들어야 한다.

초대교회를 보라. 예수님께 직접 말씀을 배웠음에도 그들은 십자가 앞에서나 세상의 협박 앞에서 처절하게 무너졌다. 그러나 성령의 기름 부으심을 약속하고 모여 마가의 다락방에서 기도했을 때, 그곳에서 성령의 기름 부으심을 경험하고 실제적인 통치를 받아 세상을 바꾸는 무서운 사람들이 되지 않았는가. 바로 예수님처럼 사는 자들이 되었다. 세상을 조금도 두려워하지 않고 세상과 맞장 뜨는 사람들이 된 것이다. 결국 그들이 세상을 바꾸었다.

다음 세대 사역, 이젠 기름 부음 있는 예배다

다음 세대 사역, 절체절명의 사역이란 것을 누구나 공감할 것이다. 반드시 다음 세대를 한국교회가 살려야 한다. 특히 교육 선교의 큰 획을 그은 감리교회가 이 방면에서 탁월함을 드러내야 한다. 그것이 한국교회와 한국 사회에 크게 공헌하는 길이 아닐까.

앞서 다음 세대를 살리기 위해서는 "예배부터 살려야 한다"고 했다. 예배란 하나님께 드리는 것이지만 그 시대를 살아가는 사람들이 드리는 것이기에 그 시대, 그 연령의 사람들의 옷에 맞아야 한다. 감성의 시대이면서 가장 영적으로 예민한 시절을 살아가는 청소년들에게는 하나님의 살아 계심을 체험하는 성령의 기름 부으심이 있는 예배가 절실하게 필요하다.

그러나 여기서 문제는 '청소년들이 하나님을 만나는 영적인 예배, 은혜와 성령이 충만한 예배를 어떻게 해야 만들 수 있는가?'이다.

첫째, 목회자나 청소년부 사역자들이 성령의 기름 부으심에 대한 분명한 이해와 체험이 있어야 한다.

구약성경에서의 기름 부음은 특정한 사람 즉 왕, 선지자, 제사장이나 어떤 물건을 거룩한 목적을 위해 성스럽게 구별하여 직임을 감당케 하고자 할 때 여러 가지 향과 재료들을 섞은 올리브기름을 붓는 것이었다. 그런데 신약성경으로 가면 올리브기름이 아니라 하나님의 기름이 부어지듯 직접 성령이 임하시는 것을 알 수 있다. 누가복음 3장에 보면 예수님이 공생애를 시작하실 때 성령의 기름이 부어졌다. 사도행전 1-2장에서도 "오직 성령이 너희에게 임하시면 너희가 권능을 받고 예루살렘과 유대와 사마리아와 땅 끝까지 이르러 내 증인이 되리라"는 약속을 믿고 구하는 자들에게 성령이 불로, 바람으로 임하셨다.

지금 이 시대에도 하나님은 성령으로 우리에게 기름 붓기를 원하신다. 성령의 기름이 부어지면 성령님이 우리 안에서 두 가지 중요한 사역을 하시는데, 그중 하나가 내주하시는 사역(within)이다. 우리로 하여금 예수님을 믿게 하고, 사명을 발견하게 하고, 우리의 성품을 만지셔서 성령의

9가지 열매 즉 성품의 열매를 맺게 하신다(갈 5:22-23). 또 한 가지는 임하시는 사역(upon)이다. 성령이 임하시고 성령의 세례로 충만해지면 갖가지 능력의 은사가 나타나고 사역을 감당할 능력이 주어진다(고전 12:8-11). 다시 말해 영적 세계, 믿음과 능력의 세계가 열리는 것이다. 이때 교회를 섬기고 영혼을 구원하는 사람이 된다.

이 같은 성령의 기름 부으심을 목회자나 교사들이 먼저 공부하고 이해하며 체험해야 한다. 영은 흐르기 때문에 목회자나 교사들이 성령의 기름 부으심을 경험하고 행복해하면, 그 청소년부의 예배는 하늘 문이 열리는 예배가 될 것이다. 또한 여러 가지 역사가 일어나며 방황하는 청소년들이 하나님을 만나게 될 것이다.

둘째, 성령 세례의 필요성을 알고, 성령의 기름 부으심의 약속(행 1:4-5)**을 믿고 사모하며 기도해야 한다.**

내가 좋아하는 말씀이 하나 있는데, 누가복음 11장 13절 말씀이다. "구하는 자에게 성령을 주시지 않겠느냐" 갈급한 마음으로 부르짖는 기도를 해야 한다. 부르짖는 기도 시간을 늘려야 한다. 학생들과 함께 통성으로 기도하는 시간을 두려워하지 말라.

우리 교회의 청소년부는 예배 시간 외 평일에도 기도회가 진행되는데, 그 기도회는 특별하다. 형식이 없고 딱딱하지 않다. 실제로 그 기도회를 통해 많은 아이들이 치유 받고, 하늘의 신령한 능력을 부여받는다.

좋으신 하나님은 누구든지 구하는 자에게 성령의 기름을 부어 주시고 왕 같은 제사장으로 살게 하신다. 다음 세대들에게 성령의 기름 부으심이 있기를 원한다면 지금부터라도 몇몇의 지도자들이 먼저 작정하고 기도하라.

셋째, 다음 세대의 예배를 성령님이 일하시도록 내어 드려야 한다.

이는 성령님께만 닫기고 준비하지 말라는 것이 아니라, 그분이 일하심을 제한하지 말라는 의미이다. 우리가 청소년들을 재밌게 하거나 웃기는 것보다, 성령님이 일하셔야 그들은 훨씬 더 즐거워하며 더 크게 웃을 것이다. 우리는 성령님이 일하심을 목도하며 찬양을 통해 그분을 높이고, 간증을 통해 서로에게 믿음을 주면 된다. 성령의 일하심을 간증하면 공동체에 믿음이 활성화되고, 예배가 활성화되어 청소년들이 자기들의 언어로 참여하게 된다.

넷째, 말씀 묵상 생활을 해야 한다.

이는 매우 중요한 것이다. 성령의 기름 부으심은 성경을 통과하여 결국엔 주님을 닮은 성화로 이어져야 한다. 성경말씀은 거울이다. 이 거울을 통해 나를 성찰해야 잘못된 길로 빠지지 않고, 기름 부으심의 목적을 놓치지 않는다. 말씀으로 오신 하나님은 말씀을 통해 계속해서 더 깊이 있는 기름 부으심을 허락하실 것이다. 그러므로 청소년들이 매일 말씀 묵상 생활을 할 수 있도록 묵상 방법을 가르쳐 주고, 묵상한 것을 나눌 수 있는 모임을 만들어 주고, 교사나 목회자가 늘 점검해 주어야 한다.

'앞뒤 좌우가 막혔을 때는 위를 쳐다보라'는 말이 있다. 한국교회의 예배가 너무 인본주의화 되었고 윤리화된 것은 사실이다. 그러니 그 예배에는 하나님의 일하심이 나타나지 않고 그 어떤 영적인 사건도 일어나지 않는 것이다. 그 결과, 성도들은 영적으로 깨어 있지 못하고 교회는 서서히 죽어가고 있는 건 아닐까. 성령의 기름 부으심이 한국교회, 특히 다음 세대들이 드리는 예배 가운데 임하시도록 힘쓰자.

다음 세대 사역, 비전을 세우고 그 비전을 터치하라

대한민국의 부모들이 자주 하는 말이 있다. "너는 아무것도 신경 쓰지 말고 공부만 해라." 실제로 부모들은 내뱉은 이 말을 지킨다. 아이들의 학업에 마음과 뜻을 다하고 돈과 시간을 전적으로 투자하는 것이다. 그러나 이 말은 굉장히 위험한 말이다. 이 말은 우리 아이들을 정말로 공부 말고는 아무것도 모르는 아이, 철저하게 부모님에게 순종하는 착한 아이 (?)로 만들었으니 말이다. 이러한 아이는 신체적 조건과 교육 수준은 청소년일지 몰라도, 정신적으로는 여전히 아이의 상태이다. 그래서 아무 것도 신경 쓰지 않고 공부만 했던 똑똑한 아이들이 사회적으로 성공해서 사회의 지도자가 되면 거기서 더 큰 비극이 시작되는 것이다. 우리는 공부만을 위해 '학원 투어'(tour)를 하는 아이들이 아니라, 자신을 위해 '세계 투어'를 하는 아이들로 만들어야 한다.

이를 위해 가장 먼저 해야 할 일은 비전을 설정하게 하고 그 비전을 터치하여 주는 것이다.

비전이란 무엇인가? 비전이란 나를 향한 하나님의 기대이고, 하나님을 향한 나의 사명이다. 따라서 비전은 밤하늘의 북극성이 늘 북쪽을 가리켜 주듯이 우리의 나아갈 방향을 알려 주는 신비로운 나침반이며 인생의 방향이다. 그리고 그 비전을 구체적으로 풀어낸 것이 바로 꿈(dream)이며, 그 꿈이 인생의 지도인 것이다.

나는 중학교 때부터 예수님을 믿었지만 34세가 되어서야 '지도자를 만드는 사람'(leader maker)의 비전을 깨닫게 되었다. 그 비전을 '나로 인하여 1만 가정이 구원을 받으며, 그중에 1000명의 지도를 배출하여 이 사회를 이끌어 가며, 그중에 100명의 글로벌 리더를 양성하여 세계 구석구석에서 거룩한 영향력을 미치고, 그중에 10명은 영적 거장이 되어 세계의 영적 흐름을 주도하며, 그중에 한 명은 노벨평화상을 받게 한다.'는 것으로 풀었다. 그리고 그것을 날마다 외치며 기도하고 목회의 장을 펼쳤다. 신기하게도 꿈은 내가 꾸지만 그 꿈이 나의 삶을 만들어 가는 것을 체험하게 되었다. 방향이 정해지니 힘쓸 곳이 정해지고, 힘을 집중하니 내가 기대한 것보다 더 좋은 열매를 맺게 된 것 같다. 또한 비전은 열정의 샘이다. 비전이 설정되고 꿈이 구체화되면 그때 비로소 열정이 나오기 시작한다. 그리고 그 열정은 환경을 넘어서게 하고 고난의 강을 건너게 한다.

'비전과 꿈' 하면 떠오르는 사람이 있다. 바로 요셉이다. 그가 젊은 날에 얼마나 많은 고생 가운데 처했는가. 타향살이, 종살이, 감옥살이 등 감내하기 힘든 것이었지만 그는 그 모든 것을 넉넉히 이겨냈다. 하나님이 보여 주신 비전 때문이었다.

비전의 힘은 상상을 초월한다. 비전의 사람이 되면 단순히 먹고살기 위해 하는 일이 아닌 하지 않고는 못 배기는 일, 할수록 좋고 즐거워서 자꾸만 더 하고 싶은 일을 하며 살게 된다.

또한 비전은 축복의 그릇이다. 하나님은 비전이라는 그릇에 복을 담으신다. 꿈의 요리사이신 하나님은 비전을 던지시고 그것을 부여잡고 꿈을 만드는 사람에게 한량없는 복을 주신다.

나는 빛가온교회(구. 상계교회) 사역을 통해 비전이 축복의 그릇이라는 것을 경험했다. 상처가 많았던 빛가온교회(구. 상계교회)를 바꾼 것은 '영적인 북동풍으로 한국을 예수마을로 만드는 교회'라는 비전이었다. 앞서 말했듯이 이 비전을 '성도들이 사역하는 행복한 교회, 1만 명이 모여 서울을 주도하는 교회, 인재를 양성하여 한국과 세계에 도전을 주는 교회'라는 꿈으로 풀어 설교하고, 써 붙이고 기도하고 외치며 온 교우들과 공유했다. 신기하게도 이 비전이 성도들의 가슴을 뜨겁게 하였고, 축복을 담는 그릇을 넓혔다. 그 결과 교회는 매우 많이 성장하였고, 지난 12년간 미자립교회를 자립화시키는 운동을 통해 한국교회를 살리는 일에 일조하였으며, 7년간 해마다 3000명의 전국 청소년들을 깨워 한국의 미래 100년을 준비하는 교회가 되게 되었다.

한국교회가 다음 세대를 세우기 위하여 정말로 우리 자녀들의 비전을 설정하게 하고 그 비전을 터치해 주어야 한다. 그렇지 않으면 그들은 말 잘 듣는 착한 아이는 될지 모르지만, 이 땅에서 거룩한 영향력을 미치지는 못할 것이다.

왜 그렇게 많은 젊은이들이 한국교회를 떠나는 걸까? 교회 안에서 그들이 자신의 인생의 비전을 발견할 수 있다면 그들은 교회를 떠나지 않을 것이다. 그리고 이게 소문이 나면 젊은이들과 청소년들은 다시 교회를 찾아오게 될 것이다. 즐겁게 해주고, 착하게 살도록 가르치기 전에 그들의 비전을 발견하게 해주고, 그 비전에 따라 살아갈 수 있도록 인도해 주어라. 그것이 교회가 그들에게 줄 수 있는 가장 큰 선물일 것이다.

내가 내 영을 모든 육체에 부어 주리니 너희의 자녀들은 예언할 것이요 너

희의 젊은이들은 환상을 보고 너희의 늙은이들은 꿈을 꾸리라 (행 2:17)

다음 세대 사역, 비전을 발견하려면

한국교회에 가장 시급한 일은 다음 세대를 세우는 일이다. 다음 세대가 없는 교회는 미래가 없고, 다음 세대가 외면한 교회는 존재의 근거를 잃어버리기 때문이다. 앞서 다음 세대를 세우기 위해서는 비전을 세워야 한다고 했다. 문제는 이 비전을 '어떻게 발견할 것인가'이다. 교회는, 특히 교회학교 사역은 청소년들에게 비전을 발견할 수 있도록 해주어야 한다. 이것이 교회의 큰 사명이다.

빛가온교회(구. 상계교회)는 청소년들에게 비전을 발견할 수 있도록 몇 가지 일을 하고 있다.

비전스쿨

주일 오후, 중·고등학생을 대상으로 7주 동안 진행되는 양육 과정으로 청소년들은 이때 자신의 '은사, 스타일, 열정'을 발견하게 된다. 발견한 비전을 10글자 이내로 적게 하고 그것을 구체적인 꿈으로 푸는 작업을 한다. 그리고 그 꿈을 이루기 위해 어떤 노력을 할 것인지를 미래 이력서로 쓰게 하여 액자로 만들어 수료식에 전달하고, 이를 책상 앞에 걸어

두고 매일 읽으면서 선포하고 기도하게 한다. 놀라운 것은 꿈은 내가 꾸지만 그 꿈이 나를 만든다는 진리가 비전스쿨을 통해 이루어진다는 것이다. 우리 교회에 다니는 어떤 청년은 15세 때 비전스쿨에 참여하여 26세에 외무고시 패스라는 미래 이력서를 작성하였는데, 그대로 이루어져서 온 교우들이 함께 기뻐했던 적도 있다.

비전여행

이는 선교여행이나 해외여행을 하면서 몸으로 비전을 발견하는 과정이다. 청소년들은 자신의 정체성을 찾아갈 때 꼭 모델을 찾는데, 어른들의 생각처럼 존경할 만한 인물들만 모델로 삼지는 않는다. 그렇다고 자신의 비전과 꿈에 따라 모델을 선택하는 것도 아니다. 그저 자기의 눈에 멋져 보이는 사람을 모델로 선정한다. 연예인이 그 대표적인 예이다. 청소년들은 매우 민감한 감수성을 가지고 있기에 전적으로 감정적인 차원에서 자신의 모델을 선정한다. 굳이 좋고 나쁨의 가치를 따지기보다 '멋있다, 예쁘다'에 따라 모델이 정해지는 것이다. 따라서 여행을 보내 세계 곳곳에서 바울처럼 살아가고 있는 선교사님들을 만나게 하라. 아이들이 그분들을 직접 가서 보고 멋있다고 느끼게 되면, 그냥 끝나는 것이다. 마르셀 푸르스트는 "진정한 여행이란 새로운 풍경을 보는 것이 아니라 새로운 눈을 가지는 데 있다."라고 했다. 기도하며 여행을 준비하고, 인솔

자는 청소년들이 비전을 발견하도록 길을 안내하며 도전해 주면, 그 어떤 수련회보다도 비전을 발견하는 청소년들이 많을 것이다.

'내 가슴을 뛰게 하는 명사 만나기'

겨울 수련회 때 진행한 프로그램이었는데, 밤에는 교회에서 집회를 하고 낮에는 여러 주제와 명사를 소개해 주고 원하는 명사를 탐방하는 과정이다. 예를 들어, 대학 교수가 되고 싶은 청소년들은 대학 교수실에 찾아가 교수의 삶을 보며 질문도 하고 대학 구내식당에서 교수님과 같이 밥도 먹을 수 있다. 비전은 보는 것이다. 존경할 만한 사람을 본다면 그들 속에 있는 은사가 꿈틀거리며 그들은 꿈을 발견하게 될 것이다.

그러나 비전을 발견하게 되는 가장 결정적인 것은 무엇보다도 '기도'다. 비전이 우리를 향한 기대라면 하나님께 여쭤보는 일이 가장 중요하지 않겠는가. 다는 아니지만, 기도하면 바울의 다메섹 길 위의 일은 오늘날 우리에게도 일어난다. 구하면 주신다고 하지 않았는가. 그렇다면 비전을 위해 기도해야지, 무엇을 위해 기도할 것인가. 기도할 때는 무작정 기도하지 말고 인도자가 비전에 대한 안내를 잘해 주며 작정하고 기도하면 더욱 좋다. 또한 기도로만 그치지 말고, 기도 후에 피드백이 중요하다. 이때 감정에만 치우치지 않게 해주어야 하고, 지금의 현실 때문에 비전은 보였는데 포기하는 실수를 범하지 않도록 격려해야 한다.

비전은 운명의 빛이며, 불가능해 보이는 것을 가능케 하는 힘의 원천이요, 미래로 여행을 떠나게 하며, 고난도 넘어서게 한다. 예수님도 자신을 따르는 제자들에게 열방으로 나가 제자를 삼아 세계를 복음화하라는 비전을 던지셨다. 그리고 그 비전에 흥분하고 따라간 그들이 세상을 바꾸었다. 청소년들에게 공부만 잘하라는 말은 이제 그만하자. 착한 아이가 되라는 말도 그만하자. 예배만 잘 드리는 아이가 되라는 말도 그만하자. 아이들을 세상으로 내보내라! 나갔다 와서 무언가를 보고 온 아이들은 확실히 달라진다. 비전은 다음 세대들을 교회로 다시 오게 하는 축복의 통로임을 기억하라.

다음 세대 사역, 이젠 제자화다

한참 한국교회가 부흥할 때는 토요일에도 교회에 수많은 학생들이 북적거렸다. 주일날이면 이른 아침 중·고등부 예배부터 성경 공부, 저녁에는 성가대 연습까지, 하루 온종일을 교회에서 살다시피 할 정도였다. '문학의 밤' 같은 행사가 있는 날은 또 어떤가. 몇날 며칠이고 교회에 머물며 지냈다. 하지만 요즘 시대에는 교회 안의 청소년들 중 헌신하는 아이들을 찾기가 쉽지 않다.

그 이유 중 하나가, 사회 구조적인 문제이다. 매일 늦은 시간까지, 심지어는 주말에도 학원이나 과외로 인해 잠시 쉴 시간도 없는데 어떻게 교회로 나올 수 있겠는가. 학생들에게 믿음의 중요성을 강조하면서 호소해 보지만, 현실의 구조적인 벽을 넘는 것은 너무나도 버거운 일이다. 또 다른 이유는 헌신하는 청소년들이 적기 때문이다. 가만히 생각해 보면, 나도 청소년기에 매우 바빴다. 그러나 그런 중에도 헌신했다. 심지어 매를 맞아가면서도 학교에서 기도 모임을 가졌고 교회 수련회에도 참석했다.

이러한 이유들을 핑계 삼아 절벽 앞에서 절망만 하고 있어야 할까. 아니다. 불가능하다고 말할지 모르지만 지름길이 하나 남아 있다. 바로 청소년들을 제자화하는 것이다. 나는 어려울 때일수록 예수님을, 그리고 예수님의 사역을 생각해 본다. 예수님이 살아가시던 당시의 사회 구조는 지금보다 훨씬 더 어려웠다. 정경유착, 정치와 종교의 유착으로 그 견고함은 뚫기에 불가능해 보였다. 그러나 예수님이 선택하신 방법은 12명의 제자를 부르시고 키우신 것이다. 그 12명의 사람이 70 - 120 - 500 - 3000 - 5000명, 셀 수 없는 많은 무리가 되어 당대 대제국 로마를 복음화한 것이다. 청소년들을 주님의 제자로 양육하는 것은 가장 어려워 보이지만 가장 빠른 지름길이다.

제자란, 내가 있는 자리에서 나를 향한 하나님의 뜻을 최우선으로 여기고 그것을 이루기 위해 인생을 불사르는 사람들이다. 그리고 이런 제자 몇 사람이 한 공동체를, 한 시대를 바꾸고 세상을 바꾸는 것이다.

그렇다면 제자는 어떻게 만들어지는가? 제자양육은 단순히 지식이나 정보를 습득하게 하는 성경 공부가 아니다. 성경을 가지고 성령님의 도우심을 받아 인간을 개조하는 일이다.

이를 위해서는 제일 먼저 예수님을 믿게 해야 한다. 예수님이 누구신지, 왜 믿어야 하는지를 먼저 가르쳐야 한다. 예수님이 가슴에 없고 교회 생활만 하는 사람은 절대로 제자가 될 수 없다.

두 번째는 성령의 충만함을 경험하게 해야 한다. 사실 제자양육은 인간의 노력으로는 불가능하다. 그러나 성령님이 일하시면 그 길은 반드시 열린다. 이를 위해 기도부터 해야 한다. 기도의 맛을 알아야 비로소 제자양육이 시작되므로, 죽도록 기도하면 제자가 된다.

세 번째는 큐티를 가르쳐 성경을 가까이하게 해야 한다. 큐티란 성경 말씀을 통해 지금 내게 들려주시는 음성을 듣고 그대로 사는 것이다. 큐티를 하지 않으면, 인도자가 함께할 때는 무언가를 하는 것 같지만 혼자는 서지 못한다. 큐티를 해야 삶이 진정으로 변화된다.

네 번째는 제자양육 과정을 만들어 운영해야 한다. 단 몇 명이 되더라도 시작하라. 이때, 제자반의 운영 목표는 지식 전달보다 교제와 적용에 더 우선을 두어야 한다. 그러면 저절로 나눔이 일어나게 된다. 자신의 죄까지 나누는 반은 무조건 성공할 것이다. 책을 같이 읽게 하고, 팀을 운영하여 리더십을 실험하게 하라. 청소년 제자양육반 운영에는 '단호하게, 엄격하게, 흥미 있게, 즐겁게, 깔끔하게'라는 '5게'를 지켜야 한다.

다섯 번째는 재생산자가 되게 해야 한다. 제자 훈련은 수동적인 신앙에서 벗어나 청소년들이 다른 사람을 세우는 성숙한 청소년 리더로 양육되는 데 그 초점을 맞춰야 한다. 즉, 청소년들이 영적인 아이의 상태에서 벗어나 다른 사람을 세울 수 있는 리더로 성장할 수 있도록 이끌어 줘야 하는 것이다. 그래야 그들을 통해 그들의 학교가 바뀌고, 청소년의 문화가 바뀐다. 재생산자로 거듭나게 하기 위해서는 두 가지를 집중하여 가르쳐야 하는데, 하나는 공동체 의식이고 또 하나는 대인관계이다. 이 두 가지를 극복하기 위해 매 과정이 끝날 때마다 '전도여행'과 '해외 아웃리치'를 통해서 배운 내용을 팀원들과 함께 실천하고 경험할 수 있도록 한다.

다음 세대 사역, 이젠 제자화다. 이를 위해서 사역자와 교사들의 많은 헌신과 희생이 필요하다. 특히 부모들의 관심과 응원이 절대적으로 필요하다. 눈에 당장 열매가 보이지 않을지라도 꾸준히 아이들을 위해 시간과 재정, 기도와 사랑을 쏟는다면 아이들은 반드시 변화된다. 진정한 부흥의 세대는 철저한 제자 훈련을 통해 한 영혼이 세워지는 것으로부터 시작된다.

다음 세대 사역, 같이 먹고 같이 전하라

다음 세대 사역 중 가장 중요한 것은 전도이다. 전도하지 않는 한, 그들은 구원 받지 못한다. 문제는 '어떻게 복음을 전할 것인가'이다. 길거리 전도도 좋고, 최권능 목사님처럼 '예수 천당, 불신 지옥' 이렇게 여덟 글자로 회심시키는 것도 좋지만 요즘 세대에게는 잘 통하지 않는다. 여기 누구나 할 수 있고, 요즘 세대에게도 통하는 좋은 방법이 있다. 바로 관계를 통한 전도이다. 관계를 맺고, 관계를 통해 전도하면 복음이 들어간다.

관계 전도를 잘하려면 어떻게 해야 할까?

첫째, 찾아가라. 요즘 청소년들은 너무 바빠서 만나기가 힘들다. 그러므로 오기만을 기다리지 말고 그들의 삶의 현장인 학교로 찾아가는 것이 전도의 첫걸음이다. 이 방법은 우리 예수님께서 먼저 쓰신 방법으로, 예수님은 병든 자에게도, 죄인에게도, 세리에게도, 창녀에게도, 베드로에게도 먼저 찾아가셨다.

빛가온교회(구. 상계교회) 청소년부에서는 학생들이 좋아하는 인형 탈을 쓰고 등굣길에 학교 앞을 방문하거나, 청소년들이 많이 다니는 거리와 학원가를 찾아가 학생들을 안아 주고 하이파이브를 하며 응원한다. 때로는 인형 주머니에서 간식들을 꺼내 나눠 주기도 한다. 이는 많은 시간과 인내가 필요한 사역일 수 있다. 하지만 조급한 마음을 내려놓고 꾸준히 한 자리에서 영혼들을 섬긴다면 그 진실한 마음들은 반드시 전달된다.

둘째, 식구가 되어 주어라. 청소년들과 '관계'를 맺기 위해서는 먼저 한 식구가 되어야 하는데, 식구가 되기 위해서 선행되어야 할 것은 '친구가 되는 것'이다. 친구는 편한 관계이다. 친구 같은 교사, 친구 같은 사역자가 되고 싶다면 눈에 힘을 빼야 한다. '내가 너를 반드시 복음으로 변화시키리라'는 불타는 의지(?)를 갖고 만나면, 좋은 교사는 될 수 있을지 몰라도 마음 문을 여는 편안한 관계는 될 수 없다.

그렇다면 편안한 관계를 맺기 위한 방법은 무엇일까? 여기 5가지 핵심을 소개하고자 한다.

1) 일단 많이 먹여라.

관계의 시작은 먹는 것에서부터 시작된다. 청소년 시기는 먹고 돌아서면 배고픈 나이인지라 뭐든지 말 먹는다. 잘 먹은 다음에 마음이 잘 열리게 되어 있다. 청소년들은 의리 코드에 민감한데, 여기서 의리는 대체로 남에게 뭔가를 얻어먹으면서부터 생겨난다. 설교는 잘 기억하지 못해도 밥 사준 것은 반드시 기억하는 것이 청소년들이다.

2) 되도록 일대일로 만나지 말고 함께 만나라.

웬만큼 친해지더라도 일대일 만남은 어색하게 되어 있다. 여럿이 함께 만나면 대화의 주도권을 뺏길까 두려워하지 않아도 된다. 아이들끼리 하는 얘기들을 그냥 턱 괴고 들어만 줘도 충분하다. 듣다가 한두 마디 끼어들어서 같이 웃어 주면 그것만으로도 성공적인 만남이 된다.

3) 잡담을 많이 하라.

친한 친구들 사이에서는 수많은 대화가 오고 가지만, 그중에서 알맹이 있는 대화는 거의 없다. 그런데 그런 내용 없는 대화들이 관계를 만들어 나간다.

4) 이유 없이 삐쳐도 낙심치 말라.

내가 뭘 잘못한 게 없는 것 같은데도 특정 아이가 나를 싫어할 때가 있다. 이처럼 난감할 때는 그저 마음속에 아이를 품고 기도하는 것이 최선이다. 중요한 것은 그때를 잘 참아 내는 것인데, 자존심이 상한다고 아이에게 폭언을 가한다거나 하면 아이와의 관계는 정말 돌이킬 수 없게 된다. 청소년 사역의 최대 미덕은 '인내'이다.

5) 사랑은 전염성이 강하다.

아이들은 작은 것에도 감동한다. 그리고 상대방의 진정성 있는 마음과 관심을 잘 안다. "배고플 땐 언제든지 연락해, 밤 12시가 넘어도 상관없어." 이런 한마디의 말이 아이들에게는 엄청난 감동이 된다. 그리고 나서 누군가 정말 연락했을 때 받아 주면 입소문이 퍼지게 된다. "선생님은 정말 12시가 넘어도 연락을 받아 주셔." 모든 아이들에게 감동을 주는 선생님으로 인증되는 것이다.

셋째, 구체적으로 복음을 전하라. 찾아가서 친구가 되고 식구가 되면 마음 밭이 옥토가 된다. 그 옥토에 예수 복음을 구체적으로 전해야 한다. 복음을 전해야 믿음이 생기고, 그 믿음이 그들을 세상으로부터 구원하여 예수님의 제자가 되게 한다. 관계 형성으로만 끝나지 말라. 이는 죽을 고생만 하고 열매가 없는 것과도 같다.

청소년 전도의 핵심은 '관계'다. 관계를 잘 맺지 못하면 아무리 말씀을 잘 준비하고 다양한 프로그램을 시도해도 열매가 맺히지 않는다. 어른들의 가치 판단 기준이 '선이냐, 악이냐' 혹은 '이익이냐, 손해냐'에 있다면, 청소년들은 '나와 관계가 있느냐, 없느냐' 즉 '친하냐, 안 친하냐'에 있다. 제아무리 천사의 소리 같은 명 설교를 한다 해도 자기와 관계가 없으면 아예 듣지를 않는다. 청소년 사역을 위해 부르심을 받았다면 그들과 함께 살고, 그들과 함께 먹고, 그들과 함께 뒹굴어야 한다.

다음 세대 사역, 부모와 연합하라

다음 세대 사역이 얼마나 중요한지는 알지만 잘 안 되는 것은 그만큼 어렵다는 이야기일 것이다. 그런데 이 어려움을 극복하는 결정판이 있다. 바로 '연합'이다. 전도서 4장 12절 말씀처럼 연합한 세 겹줄은 쉽게 끊어지지 않는다. 연합하면 강하다. 더하기가 아니라 곱하기가 된다. 다음 세대를 세우는 일은 이제 교회 혼자만으로는 불가능한 시대가 되었다. 서로 연합하여 아이들 한 명 한 명을 예배자로 세워 나가야 하는 것이다.

가장 중요한 연합은 '부모와의 연합'이다. 부모는 다음 세대 사역을 위해서 가장 중요한 위치에 있는 사람이다. 일주일 내내 다음 세대인 자녀들과 함께 있고 누구보다도 그들을 잘 알기에 영적으로 잘 지도해 줄 수 있기 때문이다.

부모들이 다음 세대 사역에 대한 각성이 있어야 한다. 한국의 성도들은 자녀들을 교회에 한두 시간 맡겨 놓은 것으로 다음 세대 사역을 다했다고 생각한다. 교회 역시도 부모들의 가치를 잘 모르거나, 알더라도 이 사역에 초대하지 않으려고 한다. 자녀에 대한 한국 부모들의 대단한 교육열을 영적인 교육에 일부만 사용해도 놀라운 일이 일어날 것이다. 부모들이 목숨 걸고 자녀들을 교회로 보내려고 애쓰고, 수련회만큼은 꼭 보내야 된다고 기를 쓰게 되면 상황은 달라진다.

다음 세대 사역의 시작도 부모이고, 마지막 돌파구도 부모이다. 교회와 부모들이 함께 한다면 반드시 우리 가정, 우리 교회 다음 세대들은 영적 전쟁에서 승리할 것이다.

그렇다면 다음 세대 사역이 부모님과 함께 하는 사역이 되려면 어떻게 해야 할까?

1) 부모들은 가정의 사역자, 가정에 파송된 선교사, 가정의 목회자라는 믿음을 갖고 사역해야 한다.

이를 위해 성격적 교육 철학으로 다시 무장해야 한다. 성경적 교육 철학은 마가복음 12장 30-31절에 요약되어 있다. "네 마음을 다하고 목숨을 다하고 뜻을 다하고 힘을 다하여 주 너의 하나님을 사랑하라 하신 것이요 둘째는 이것이니 네 이웃을 네 자신과 같이 사랑하라 하신 것이라 이보다 더 큰 계명이 없느니라" 즉, 하나님을 사랑하고 이웃을 사랑하는 것이다. 이렇게 살면 하나님께서 복을 주시고, 우리 자녀들이 행복해진다. 창조주 하나님께 복을 받고 행복한 자녀들은 인공지능(AI) 시대, 즉 4차 산업혁명 시대에 필요한 창의성과 영성과 인성이 계발되어 새 시대에 귀하게 쓰임 받는 인물로 자라날 것이다.

2) 부모들은 가정을 작은 교회로 여기고 가정에서부터 바른 믿음을 기르쳐야 한다.

유년기부터 기도와 말씀과 예배 생활을 가르쳐 습관이 되게 해야 한다. 그래서 예수 그리스도를 구주로 영접케 해야 한다. 부모가 자녀에게 들을 수 있는 최고의 찬사는 "나는 우리 아버지로부터 예수님을 알게 되었고, 천국 백성이 되는 길을 알게 되었습니다. 그리고 우리 엄마는 나의 영적 스승이십니다."라는 것이다.

바른 믿음을 가르치려면 가정에서부터 모범을 보여라. 사람은 들은 것은 못해도 보는 것은 한다. 청소년들 스스로도 부모로부터 가장 많은 신앙생활의 영향을 받고 있다고 말하고 있다. 우리 다음 세대의 신앙은 결국 부모들에 의해서 좌우되는 것이다. 부모들이 먼저 성령님의 역사를 강력하게 체험하게 되면, 자녀들도 그렇게 된다.

자녀들과 인격적인 관계를 구축하라. 현재 크리스천 청소년들 중 고등학교 졸업 후 약 80% 이상이 교회를 떠나고 있는데, 부모와 자녀의 유대관계가 좋고 부모로부터 제대로 된 신앙 교육을 받은 경우에는 90% 이상 교회에서 꾸준히 신앙생활을 잘하고 있다는 통계 결과가 있다. 부모가 믿음만 좋아서는 안 되는 이유이다. 중직자들 가운데 자녀들의 신앙 교육에 실패한 대부분의 이유가 자녀들과 깊은 인격적인 신뢰 관계를 쌓는데 실패했기 때문이다. 아무리 바빠도 자녀들과 많은 시간을 보내며 깊은 인격 관계를 구축하고 그 인격을 통해 신앙을 전수해야 한다.

3) 다음 세대 사역의 가장 중요한 열쇠가 부모들의 손 안에 있음을 알고, 교회와 다음 세대 사역자들도 부모와 동역하라.

부모 교육을 통해 부모들에게도 사역자의 의식을 심어주어야 한다. 그리고 교회 사역이나 다음 세대 사역에 동참하게 해야 한다. 학교 앞 노방 전도를 같이 하고, 청소년 캠프에 와서 밥을 퍼주고 같이 집회에 참석하며 은혜를 나누게 해야 한다. 또한 가정 사역의 아이디어와 프로그램을 제공해야 한다 가정예배 순서, 전 가족 한 큐티 운동, 가정의 달 온 가족 축제 등의 방법을 제공해 주면 좋다.

다음 세대 사역은 교회뿐만 아니라, 이 나라 이 민족의 미래가 달린 일이다. 정말이지 다음 세대의 사역에는 부모의 역할과 위치가 매우 중요하다. 다음 세대 사역은 부모와 하나 되는 것 가운데 이루어진다는 것을 명심하라.

다음 세대 사역, 교회와 지역 사회와 연합하라

다음 세대 사역의 어려움을 돌파하는 방법이 '연합'이라고 하였다. 1차적으로 교회와 부모가 연합했다면, 그다음은 교회와 교회가 연합해야 한다. 지역 사회 안에서 60-70%의 교회들이 교육부서가 없을 만큼 취약한 이때에 우리는 내 교회, 네 교회 하며 편을 가르는 것이 아니라 서로가 연합하여 한 명의 예배자라도 세워나가야 한다. 그리고 종국적으로는 지역 사회와의 연합도 추구해야 한다. 미션 스쿨, 공공 기관, 교사 선교회, 지역 연합회 등과 연합할 때 다음 세대들은 불같이 일어날 것이다.

빛가온교회(구. 상계교회)가 진행하고 있는 몇 가지 연합의 사례를 소개하고자 한다.

1) 학교 기도 모임 - 학교 안에 교회 세우기

지역 내 중·고등학교 기도 모임이다. 여름에 열리는 청소년 기름 부음 캠프를 통하여 믿음을 회복하고 하나님의 살아계심을 체험한 학생들로 하여금 자기 학교에 기도 모임을 만들게 하는 것이다. 이 일에 도전할 자들을 모으고 교육하며 매주 예배 자료를 제공한다. 그리고 처음에는 청소년 담당 목회자가 참석하여 모임을 결성해 준다. 현재 서울 노원구 관내 중·고등학교가 56개인데 그중 25개의 학교에서 기도 모임이 진행되고 있다. 이들을 WIN(worshio in nowon)이라는 명칭으로 연합체를 만들어 정기적으로 모임을 가지고, 리더들을 강화하는 작업을 하며, 토요일 저녁마다 백화점 앞에서 길거리 예배를 드리고 있다.

이 일을 통하여 청소년들은 학교 선교사의 마인드를 갖게 되고, 현장에서 영적 싸움을 하며 영적인 야성을 갖게 된다. 무엇보다 가장 중요한 것은 중보자의 마음을 가지고 친구들을 가슴에 품을 수 있게 된다. 그런 그들에게 하나님이 복을 주시고, 리더로 사용하셔서 이 땅을 이끌어 가게 하실 것이다. 이러한 과정에서 아이들은 자신이 섬기는 교회에도 청소년 모임이 활성화되는 복을 누리게 된다. 특히 작은 교회의 청소년들은 많은 활동의 영역을 제공받게 된다.

학교 기도 모임을 진행할 때 유의해야 할 것이 있는데, 믿는 자들끼리의 친교를 넘어 학교 안에 교회를 세우는 사역임을 강조하는 것이다. 서로 다른 교회를 다닐지라도 서로가 연합하여 학교 안에서 예배하는 공동체를 세워나가야 한다. 또한 학교 기도 모임을 세우기 위해서는 학교 내의 크리스천 교사나 담당 사역자가 필요하기도 하지만, 아이들 스스로 자발성을 갖고 학교 기도 모임을 개척하는 것이 가장 좋다. 학생들이 자발성을 갖고 주체적으로 움직일 때 더 큰 힘을 발휘한다. 그 모임을 통해서 예수님을 믿지 않는 청소년들이 전도되기도 하고, 실제로 학교 안에 복음화를 이루는 놀라운 역사를 경험하기도 한다.

2) 지역 사회와의 연합

빛가온교회(구. 상계교회)는 매주 금요일 저녁 7-10시까지 길거리 청소년 밥퍼 사역을 한다. 교회 선교관에서 발견된 담배꽁초와 위장약을 보고 시작한 일이다. 가출 청소년, 방황하는 청소년들을 섬기고자 하는 마음으로 시작했는데, 참 감사하게도 구청, 경찰서 청소년과, 그리고 지역 청소년 유관단체들이 연합하게 되었다. 음식이나 모든 시스템은 빛가온 교회(구.상계교회) 'Love Together' 팀이 준비하지만 구청에서 장소와 전기를 제공해 주고, 경찰서 청소년과에서 상담이나 지역과의 관계를 정비해 주며, 지역 유관단체들이 와서 종종 경비를 서주거나 간식을 들고 와서 밥을 퍼주기도 한다. 이 사역도 3년에 접어드니 많은 열매들이 맺히기 시작했다. 교회에 나와 세례를 받는 학생이 있는가 하면, 직장에 취직한 후 간식을 사들고 와서는 감사하다고 말하는 젊은이도 있었고, 아이의 변화에 감사하다며 찾아오는 부모들도 있었다. 직접적으로 예수님을 믿으라고 말하며 전도한 것은 아니지만 지역의 청소년, 특히 어려움 가운데 있는 청소년들을 주님의 사랑의 마음으로 섬길 때 지역민들은 긍정적으로 반응하고 있는 것이다.

한국교회는 태생적으로 연합하는 것에 대해 경계하는 경향이 있다. 내 교인을 뺏어가는 것인 양, 어느 한 교회만의 부흥을 시기하고 질투하기까지 한다. 그러나 다음 세대 사역은 한 교회만의 문제가 아니라 한국교회 전체의 문제이며, 이 나라 전체의 문제이다. 따라서 연합해야 한다. 교회는 몸이다. 몸은 철저히 연합해야 큰 폭발력을 발휘하게 된다. 하나님의 마음으로 다음 세대를 일으키는 사역을 하면 한 교회의 부흥은 물론 지역사회가 변화되고, 한국의 미래 100년을 책임질 다음 세대가 일어날 것이다.

한국교회의 부흥을 소망하는가. 예수 그리스도의 오실 길을 준비하는 이 민족이 되길 원하는가. 다음 세대 사역에 그 해답이 있다. 지금이 기회이니 포기하지 말고 물매를 든 다윗의 심정으로 돌 하나라도 던지길 바란다. 그러면 골리앗이 무너진 것처럼 불가능의 장벽은 무너질 것이다.

다음 세대 사역, 교회학교 사역을 시작하라

지금보다 5년 후, 10년 후에 좋은 교회가 정말 좋은 교회다. 이를 위해서는 교회학교의 부흥이 정말로 중요하다. 그런데 요즈음 한국교회의 현실을 들여다보면 교회학교가 부서지는 소리가 여기저기서 들린다. 아동부가 없는 교회가 50%를 넘었으며, 교회에 나오는 청소년들의 수가 미전도 종족 수준인 3.8%라는 통계가 나왔다. 거기에 대학마다 선교 단체의 급격한 쇠락과 교회에서의 청년들의 이탈은 정말 심각한 사안이 아닐 수 없다.

이렇게 된 이유가 무엇일까? 가장 큰 이유는 저출산과 입시 최우선의 사회 흐름, 세속화와 무신록적인 시대 흐름이다. 한국교회의 내부적인 문제도 크다. 교회 자체가 장년 중심의 구조로 되어 있기 때문에 다음 세대에 대한 집중적인 투자를 하지 못한 것이다. 학생들은 교인이 아니라 앞으로 교인이 되어야 할 대상으로만 여겨졌다. 또한 사회 변화에도 잘 대처하지 못했다. 본질은 바뀌지 않아야 하지만 학생들을 대하는 방법론에 있어서 새 옷을 입어야 했는데 그러지 못한 것이다.

어떻게 해야 할까? 절망만 하고 있기에는 복음의 가치가 너무나 크다. 한국교회의 미래는 현재 교회학교를 보면 알 수 있는데 걱정이 아닐 수 없다. 하루빨리 양질의 교사들을 세우고 좋은 프로그램을 개발해 교회학교를 다시 일으켜야 한다. 그래야 한국교회의 미래가 밝을 것이며 주신 사명을 다 감당할 수 있게 된다.

교회학교 사역, 먼저 교사들을 세워라

나는 교육 목회를 할 기회가 많았고, 감사하게도 그때마다 부흥을 경험했다. 서울 임마누엘교회에서 아동부 사역을 할 때는 학생들만 1,270명이 출석하는 부흥을 주셨고, 대전 하늘문교회에서는 300명 정도 출석하던 교회학교가 1년 만에 700명으로 늘어나는 경험도 주셨으며, 첫 담임 목회지였던 청양교회에서는 4명이던 중·고등부가 1년 만에 120명이 되는 축복도 맛보게 하셨다. 그래서 그 비법이 무엇이냐는 질문을 많이 받았다.

이 세 교회의 부흥의 해답은 바로 '교사'였다. 가슴이 뜨거운 교사, 영혼을 사랑하는 교사, 훈련된 교사, 헌신하는 교사 말이다. 군목을 제대하고 임마누엘교회에 부임하니 어려서 다녀보지도 못한 아동부 목사직이 나를 기다리고 있었다. 무엇을 할까 기도하던 중 버스를 빌려 전 아동부 교사들을 이끌고 기도원에 갔다. 그날 저녁 아동 사역이 얼마나 중요한지를 힘껏 설교하고 기도하여 성령의 기름 부음을 경험하게 한 후 애찬과 세수식을 통해 결단하게 하였다. 큰 은혜의 밤이었다. 많은 교사들이 새롭게 다짐했다. 그리고 분기마다 교사들에게 영적 재충전의 기회를 주고 동화나 설교 대회를 열어 시상을 통해 재미있는 사역이 되게 하였다. 교사들이 신이 나자 아동부 각 부가 부흥하면서 주일 출석 1천270명을 달성하는 일이 일어났다.

대전 하늘문교회에서도 교사 훈련과 릴레이 금식 기도를 통해 무장하게 하고 부서장들과 총무들을 차별화하여 높여 주자 그들이 자기 부서의 교사들을 격려하게 되고 그 교사들이 열심히 하게 되자 부흥의 불길에 휩싸이게 되었다.

청양교회에서의 중고등부의 부흥은 더욱 극적이다. 성인들 성경 공부를 하면서 '성도는 선수지 관람객이 아니다. 믿어 구원 받지만 사역해야 복을 받는다. 사역 없는 상급은 없다.'라는 제자 의식을 심어 주었다. 또 은사 발견 사역 공부를 하던 중에는 현직 학교 교사들 몇 명에게 '학교는 당신들의 사역터고 학생들은 사역의 대상'이라고 뜨겁게 가르쳤다. 하나님이 그들의 마음을 움직였고 그들이 사역하기 시작하자 중고등부가 부흥하기 시작하여 4명이 120명이 되는 축복이 나타난 것이다. 박영신, 엄미자 권사 부부가 그 대표적인 분들이다. 그분들은 청소년 사역에 열정을 발견한 후 매일 교회에서 학생들에게 공부를 시키고, 학교에서는 쉬는 시간에 심방하고 전도했으며, 수련회를 위해 사재를 털고 금식하며 헌신하게 되었다. 더 좋은 곳에 부임할 수도 있었지만 청양교회 청소년 사역을 위해 기꺼이 포기하는 모습까지 보여 주셨다. 그분들의 사역을 보신 하나님께서 한 해는 충남의 명문 고등학교 전교 10등 중 청양교회 학생들이 6명이나 되는 기적을 주셨다.

이처럼 나는 세 교회에 부임하여 교사들부터 제자양육을 하였다. 기도의 불을 붙이고, 영혼에 대한 애절함과 사역의 중요성에 대해 목숨 걸고 가르쳤다. 금식하며 기도하게 하고, 학교 선교사 의식을 강력하게 불어넣었다. 그 결과, 교회학교 사역에 미친(?) 교사들이 나타나기 시작했고, 그들이 앞서서 사역하니 교회학교는 급격한 성장을 맛보게 되었다. 학생들 중에는 신학교를 가는 사람이 늘어났고, 교회학교 교사로 지원하는 자들이 늘어나게 된 것이다.

오늘날 한국교회의 난국을 뚫을 첫 번째 길은 교회학교 교육에 미친(?) 교사를 세워내는 것이 아닐까 한다. 가슴이 뜨거운 교사, 영혼을 사랑하는 교사, 훈련된 교사, 헌신하는 교사, 학교 선교사로 사는 교사들을 만들어 낼 수만 있다면 교회학교는 다시 일어날 수 있다. 많으면 정말 좋겠지만 몇 명의 교사만 있어도 교회학교는 새바람이 불게 되고, 그 새바람은 교육의 은사는 있지만 열심을 내지 못했던 다른 교사들의 가슴에 불을 붙여 동반 헌신을 가져오게 한다.

교사들은 목회자들과는 다르게 학생들과 많이 소통할 수 있다. 집에서 자녀를 키우고 세상 속에서 같이 호흡하기 때문이다. 다시 한 번 말한다. 교사가 살면 교회학교는 살아난다.

그러면 어떻게 해야 교사가 살아날 수 있을까?

첫째, 가르치는 은사(talent)가 있고 다음 세대에 맞는 열정(passion)이 있는 성도를 찾아내야 한다. 은사나 열정이 없으면 금세 지치고 만다. 그러나 가르치는 은사가 있으면 말하지 않아도 가르치는 방법을 연구하고, 아이들에게 열정이 있으면 그들을 사랑하는 데 지치지 않는다. 교회에서 교사 교육을 실패하는 가장 큰 이유는 이러한 은사자들을 찾아내지 않고 교사를 시키기 때문이다. 나는 『은사 발견 사역』(프리셉트) 책을 갖고 성경공부반을 운영하며 교육의 은사자, 열정이 있는 자를 찾아낸다.

둘째, 그러한 사람을 찾았으면 제자양육을 실시해야 한다. 나는『일대일 제자양육』(두란노) 책을 가지고 12주 제자 훈련을 시키는데, 이때 구원의 확신, 말씀 묵상, 각 주제별 교육, 사역의 중요성 등을 가르친다. 제자

양육의 두 번째 초점은 교제와 적용에 맞춰져야 한다. 함께 동역할 자들을 만나 교제하면 시너지 효과가 생긴다. 또한 배운 것을 삶에 적용할 때 확신이 생기고 용기가 생긴다. 제자양육을 하면서 미칠만한(?) 교사감을 찾아내어 결단시키고, 그에게 기독교 교육의 방법과 갖가지 조건들을 제공해 준다. 그리고 사역의 자리와 간증의 시간을 주고, 설교 중에 공개적으로 칭찬과 격려를 해 주면 소위 '스타 교사'가 탄생한다. 그러면 교회학교의 새바람이 일어난다.

셋째, 죽을 만큼 기도하게 해야 한다. 기도하지 않으면 금방 지치기 때문이다. 내 자식을 키우는 것도 힘든데, 남의 자식을 키우는 일이 어디 쉽겠는가. 기도해서 성령의 충만을 받으면 우리 주님의 마음을 알게 되고, 주님의 능력이 임하게 된다. 주님의 일은 내 힘으로는 어림도 없다. 그러나 주님이 함께하시면 된다. 주님이 함께하신다는 것을 알면 핍박이 와도 더 열심을 낸다.

학생이 미래가 아니라, 교사가 미래다. 각 교회가 교사부터 다시 세워 보길 바란다. 새바람이 불 것이다.

교회학교 사역, 비전 중심의 교육을 하라

사람은 비전을 먹고 자란다. 특히 어린 자녀들은 비전이 없으면 너무도 약한 존재다. 그러나 비전이 있으면 세상을 다 얻은 사람이 된다. 교회에서는 그들에게 윤리 도덕만 가르치는 어리석음을 범해서는 안 된다. 아이들에게 비전을 심어 주어야 한다. 비전을 갖게 되면 일단 하고 싶은 말이 많아져 공동체가 활발해진다. 그다음에는 기도하며 노력하는 영적이고 적극적인 사람이 된다. 교회에서는 처음부터 끝까지 항상 비전을 말해야 한다. 그리고 그 비전 앞에 흥분하게 하고 그것들을 위해 투자해야 한다.

그렇다면 비전 중심의 교육을 어떻게 해야 할까? 구체적인 사역을 함께 나눠 보고자 한다.

서울 임마누엘교회에서는 아동부 대심방을 하면서 비전 터치를 했다. '왜 어른들만 축복 심방을 해야 하는가?'라는 질문으로 모든 교사들과 함께 아동부 심방을 하면서 축복 기도를 하게 했는데, 그 결과는 효과 만점이었다. 부모와 학생 모두 너무 좋아하고 기뻐했을 뿐만 아니라, 믿지 않는 부모들이 전도되는 일까지 일어난 것이다. 처음에는 못하겠다고 하던 교사들이 이런 광경을 보자 앞다투어 심방하면서 부흥의 기적이 일어났다. 심방을 가서도 위로나 칭찬하는 것에만 그치지 말고 비전을 터치해 주면 그 교사나 목회자를 평생 기억하게 될 것이다.

대전 하늘문교회에서는 고등학교 3학년 학생들에게 매주 축복기도를 해 주었다. 주일날도 학교에 가야 하기에 고3은 주일 예배를 드리지 않는 것으로 생각하던 그들에게 "인생 전체를 보면 고3 시절이 가장 어려운 시기는 아니다. 그보다 더 어려운 시절이 올 텐데 그때는 어떻게 할 것이냐? 이는 마귀의 시험이다. 힘들수록 신앙생활을 더 잘해야 한다."라고 설득하면서 주일 7시 예배에 나오도록 했다. 그리고 예배 후에는 독서실로 데려가서 매 주일 안수기도를 해 주었는데, 이때 그들의 비전을 가지고 힘껏 눈물로 기도해 주었다. 역시 하나님은 우리의 기도에 응답해 주셨고, 그해 학생들이 좋은 대학에 가장 많이 들어가는 축복을 누리게 되었다.

청양교회에서는 학생들을 모집해 서울 명문대와 최고의 교회들을 방문하는 비전트립(vision trip)을 가졌다. 비전트립은 본인이 가고 싶은 학교에 가서 사진을 찍어 그것을 책상에 놓고 기도하는 것이다. 이는 늘 지방에 있기에 작아질 수밖에 없는 꿈들을 키우는 작업이었다. 이것이 소문나면서 믿지 않는 부모들도 공부를 위해 청양교회에 보내야겠다면 자녀들이 교회에 나가는 것을 지지하는 일까지 일어났다.

빛가온교회(구. 상계교회)에 와서는 어린이, 청소년, 청년들에게 세계를 보여 주고 싶어서 선교단을 구성해 중국, 캄보디아, 필리핀, 싱가포르 등에 보냈다. 또한 매년 청소년들을 대상으로 '비전스쿨'을 개설해서 진행하고 있다. 이 클래스를 통해 청소년들은 하나님이 자신의 삶 가운데 주신 비전과 꿈을 발견하는 시간을 갖는다. 구체적으로 자신의 달란트를 발견하고, 그것을 통해 어떻게 하면 하나님께 영광을 돌리는 삶을 살 수 있는지 깨닫는 것이다. 비전스쿨을 수료한 학생들은 비전트립을 통해 구체적인 꿈을 갖고, 삶에서 하나님이 주신 사명을 위해 준비될 수 있는 시간을 갖는다. 또 전국 청소년들을 대상으로 그들의 재능을 발견할 수 있는 'Next Generation Music Festival'을 열어 CCM, CCD 경연 대회를 연다. 이는 그들의 문화를 거룩의 문화로 바꾸려는 시도인 것이다.

빛가온교회(구. 상계교회)에는 길거리 청소년 밥퍼 사역 '러브투게더'가 있다. 빛가온교회(구. 상계교회)가 위치해 있는 서울 노원구는 청소년 인구 비율이 서울에서 두 번째로 많은 곳으로, 56개의 중·고등학교에 71,300명의 학생이 있다. 청소년이 많으니 가출한 청소년들과 방황하는 청소년들이 많을 수밖에. 그런 그들에게 따뜻한 밥을 제공하기로 하고 매주 금요일 저녁 7-10시까지 노원구청과 경찰서와 협력하여 지역 청소년들을 섬기고 있다. 따뜻한 밥 한 그릇이 그들의 영혼을 녹이며, 그들의 빈 가슴과 빈 호주머니에 그리스도의 사랑으로 채워져서 하나님이 주신 꿈을 발견해 나가고 있다.

이 비전 중심의 교육에 있어 중요한 것은 담임목사의 비전과 전 교우들의 기도다. 빛가온교회(구. 상계교회)는 비전들 중 세 번째를 '인재를 양성해 한국과 세계에 도전을 주는 교회'로 정하고 매일 기도하며 10억 원 장학재단을 만들고 있다.

오늘날의 시대는 20:80의 시대(소수의 20%가 80%를 끌어간다는 파레토의 법칙)를 지나쳐 10:90, 5:95의 시대가 되었다. 10 또는 5인 다음 세대를 세워, 100년의 미래를 이끌어가게 하는 것이야말로 교회학교의 중대한 사명이다.

교회학교 사역, 영성 중심의 교육을 하라

옛날과 달리 이 시대에는 교회가 문화적인 면에서 사회에 줄 수 있는 것이 많지 않다. 남아 있는 것은 영성 정도가 아닐까 하는데, 세상은 영성에 대해 알지도 못하는 것 같다. 그러나 우리 인간이라는 존재는 하나님의 영으로 만들어진 영성적인 존재가 아닌가. 이것을 교회가 채워 줄 수 있다면 젊은이들과 청소년들, 어린이들은 다시 교회로 몰려올 것이다. 우리 자녀들은 아직 세상 물에 많이 찌들지 않아서 영성적으로 접근하면 어른들과 달리 빠른 시일 내에 하나님의 임재를 경험할 수 있다. 더욱이 이 시대가 감성의 시대다 보니 감성 분야인 찬양과 기도로 그들에게 접근하면 더 빨리 받아들여질 것이다.

그렇다면 어떻게 영성적으로 접근해야 하는가?

첫째, 재미있는 것 이상의 영성적인 접근이 시도되어야 한다. 이를 위해서는 '복음'을 가르쳐야 한다. 재미만 추구하고 그들의 필요만 채워 주는 교육이 한국교회의 교육을 망쳤다. "초등학교 4학년만 되면 아이들의 영혼은 타락합니다."라고 했던 어느 기독교 교육학자의 탄식을 잊을 수가 없다. 이는 복음이 들어가지 않고 재미있는 것, 윤리적인 것만 가르친 결과다. 처음에는 안 듣는 것 같아도 계속해서 죄에 대해 알려주고, 십자가를 가르치고, 천국을 가르쳐야 한다. 복음이 없이는 절대 감격도 헌신도 없다.

둘째, 영성적 체험을 할 수 있게 한다. 이는 빠를수록 좋다. 하나님은 구하는 자에게 갖가지 은사를 주신다. 어린 시절에 살아 계신 하나님에 대한 징표를 갖게 하는 것은 매우 중요하다. 아이들은 어른들보다 수용이 빠르므로 뜨거운 찬양과 기도 훈련을 시도해야 한다.

서울 임마누엘교회에서는 아동부 주일 새벽기도회를 열어 130명 이상이 모이는 기염을 토했다. 여름 캠프에서 성령 충만을 사모하는 집회를 열었을 때는 아이들이 여러 체험들을 하면서 성장하는 것을 볼 수 있었다. 대전 하늘문교회와 청양교회에서도 중·고등부 수련회는 어른들 집회보다 더 열심히 준비하고 힘껏 인도하여 놀라운 체험들을 하게 하고 간증하게 하였다.

빛가온교회(구. 상계교회)에 와서도 수련회를 영성 집회로 바꾸었다. 40일 새벽기도회에 어린이들부터 청년들까지 참석시키고, 금요 저녁 심야 기도회에도 참여시켜 기도하게 하였다. 또한 2010년부터 매년 '청소년 기름 부음 캠프'를 개최하고 있다. 전국에서 캠프에 참석한 수천 명의 청소년들이 성령님의 강력한 기름 부으심을 통해 영적 치유와 회복의 역사를 경험하고 있다. 한순간의 마음의 동요가 아니라 자신들의 삶의 방향을 재설정하고, 자신의 은사를 발견하는 등 실제적인 변화를 체험하고 있다.

셋째, 영성적 체험을 한 이들이 헌신자가 되게 한다. 즉, 영성을 깨우고 하나님을 만난 아이들이 친구들을 이끌고 전도하는 일꾼이 되게 하는 것이다. 빛가온교회(구. 상계교회) 청년들은 주일 저녁예배 후에 그날 온 새가족들을 심방하고 하루를 마치는데, 어떤 때는 밤 12시, 새벽 1시까지 심방이 이루어지기도 한다. 이러한 헌신은 재미나 인간관계만으로는 할 수 없다. 살아계신 하나님을 만날 때에만 가능한 일이다.

또한 성령님의 기름 부으심을 경험한 청소년들은 학교를 품고 기도하는 리더가 되게 하였다. 빛가온교회(구. 상계교회) 청소년들은 스스로 각 학교를 품고, 자신의 학교에서 자발적으로 쉬는 시간에 모여 정해진 장소에서 학교를 위해 기도하고 예배하는 모임을 세웠다. 현재 노원구에는 25개의 기도 모임이 세워졌다. 그리고 매주 토요일 저녁 8시에는 청소년들이 노원의 한복판에서 거리 예배를 드림으로써 아무도 예배하지 않는 땅에서 찬양하며 복음의 야성을 키워가고 있다. 이뿐만이 아니다. 지역의 청소년들과 연합하여 윈(WIN/worship in nowon)이라는 연합예배 모임을 일으켜서 다음 세대의 부흥을 위해 기도하고 있으며, 청소년 기름 부음 캠프에 참석한 전국의 청소년들이 학교에서도 믿음 생활을 굳건히 할 수 있도록 전국 중·고등학교를 대상으로 기도 모임을 결성하는 일에 노력을 기울이고 있다.

과거 한국 사회에서는 '어린이'나 '청소년'을 생각하면 '희망'이란 단어가 먼저 떠올랐지만, 지금은 어떠한가. 그러나 다음 세대 어린이들과 청소년들이 살아계신 하나님을 만난다면 학교와 교회에서 주님의 제자로, 또 나라와 민족을 살리는 진정한 그리스도인이 될 것이다.

교회학교 사역, 자율성을 기르는 교육을 하라

교육 사역을 하다 보면 가장 놀라운 것이 우리 자녀들의 잠재력이다. 그들의 잠재력을 보고 있노라면 '하나님이 저들을 만드신 것이 틀림없구나.'라는 생각이 든다. 그들이 은혜를 받고 성경적 가치관에 사로잡히면 못할 것이 없다. 그들은 은혜를 받고 나면 자신을 100% 헌신한다. 그래서 큰일을 감당할 수 있는 것이다. 이러한 사실을 믿을 때, 교회학교 사역의 큰 방향성이 정해지게 된다. 바로 우리 아이들의 자율성을 길러주는 교육을 하는 것이다.

처음 목회지였던 반암교회에서 있었던 일이다. 반암교회는 아주 작은 시골에 있는 교회로 내가 담임목사로 부임했을 당시에는 어느 집사님 덕 사랑방이 교회였는데 교회가 점점 부흥하면서 건물이 필요하게 되었다. 겨우 40만 원을 가지고 시작했는데 성도들의 헌신과 도시 교회의 지원으로 성전 건축은 무사히 마무리할 수 있었다. 그런데 문제는 여러 사람들의 후원으로 지어진 교회인지라 교인들 머릿속에는 자신도 모르게 빚진 마음이 자리 잡게 된 것이다. 나눔과 섬김에 대해 가르치면 그 마음을 치유할 수 있을 것 같아 이웃 고아원을 방문하겠다고 선언하고 준비에 들어갔다. 이때 어른들은 우리 교회가 어떻게 이웃을 도울 수 있겠느냐며 냉소적이었지만, 20여 명의 중·고등학생들의 생각은 달랐다. "저희들이 해 보겠습니다"라며 자발적으로 폐품을 모으고 여기저기에서 도움을 이끌어냈다. 지금 같으면 큰일 날 소리지만 그때 그 아이들은 개구리 한 마리가 100원이라면서 그 추운 겨울에 잠자는 개구리들을 잡아 팔기까지 하였다. 결국 그들의 노력이 전 교인들과 지역 유지들의 헌신을 유도하여 성대한 위문으로 이어졌고, 그 행사 이후 모든 교인들에게 '우리도 나눠 줄 수 있다'라는 마음을 선사해 주었다.

청양교회에서도 지역 불우 이웃 돕기의 일환으로 '하늘나라 프로젝트'를 시행하였는데, 이때 중·고등학생들이 자신에게 배당된 돈으로 갖가지 일에 도전하는 것을 보았다. 어떤 학생들은 껌을 팔다가 '앵벌이' 소리까지 듣기도 했고, 청년들은 고구마 장사를 하거나 지역에 일거리가 있으면 일용 노동까지 하며 헌금에 동참했다.

빛가온교회(구. 상계교회)는 지금 미래 비전센터를 건축하는 중인데, 우리 자녀들의 헌신을 보면 '역시 하나님의 자녀들이구나' 하는 생각이 든다. 중학생들이 주먹밥을 만들어 파는가 하면, 청년들은 붕어빵을 만들어 전교인들에게 웃음을 전달하며 판매하거나 탁상용 달력을 만들어 판매함으로써 성전 건축에 동참하고 있다.

우리 자녀들에게는 하나님이 주신 무한한 가능성과 엄청난 잠재력이 있다. 이것을 믿는다면, 교회 교육의 중요한 방법은 바로 그들의 자율성을 끄집어 내주는 것이다. '교육'의 원래 의미는 '속에 있는 것을 끄집어내어 주는 것'이다. 지금까지의 교육이 일방적으로 주입하는 것(in-put)이었다면 이제는 그들 속에 있는 것들을 끄집어내어 발산하게 하는 것(out-put)이 되어야 한다.

듣지도 않는 성경 공부를 하는 것보다 스스로를 발견하는 분반을 하게 하는 것도 방법이다. 히브리교육처럼 성경 본문을 가지고 서로 토론(debate)하게 해 보자. 그들 수준에서 하나님의 음성을 발견하는 것을 보면 놀라게 될 것이다. 또한 동아리 모임을 만들게 하고 스스로 운영하게 하는 것도 그들의 잠재력을 발휘하게 하는 데 아주 좋은 방법이다. 우리는 여기서 일산광림교회 박동찬 목사의 말에 귀를 기울여야 한다. "교사들을 '가르치는 자'(teacher)에서 '안내하여 주고 보호하여 주는 자'(guidance)

로 전환하라." 바른 지적인 것 같다.

한국교회가 다시 사는 길은 교회학교를 세우는 것이다. 로마 시대에 그렇게 핍박 받아서 다 없어진 줄 알았던 그리스도인들이 끝끝내 신앙의 정조를 지키고 딸들을 거룩하게 잘 키워 궁궐로 들여보냈을 때, 너무나 쉽게 로마는 기독교 국가가 되었다. 우리 자녀들을 순전한 주의 자녀들로 키워낼 수만 있다면 아무리 이 사회가 교회를 공격하고 하나님을 무시해도 결국에는 모든 사람들이 교회를 인정하고 하나님을 공경하는 일이 일어날 것이다. 먼저 교사들이 바로 서서 영성 중심의 교육, 비전 중심의 교육, 자율성을 기르는 교육을 한다면 그리스도의 푸른 계절은 다시 한 번 돌아올 것이다.

다음 세대 사역을 위한 전략

1. 체험 있는 은혜와 성령이 충만한 예배로 회복하라
1) 성령의 기름 부으심에 대한 사역자들의 이해와 체험하기
2) 성령의 기름 부으심의 약속을 믿고 죽도록 기도하기
3) 다음 세대의 예배를 성령님이 일하시도록 내어 드리기
4) 말씀 묵상 생활하기

2. 비전을 세우고 그 비전을 터치하라
1) 비전스쿨
2) 비전여행
3) 내 가슴을 뛰게 하는 명사 만나기
4) 기도하기

3. 제자를 양육하라
1) 예수님 믿게 하기
2) 성령의 충만함 경험케 하기
3) 큐티를 가르쳐 성경을 가까이하게 하기
4) 제자양육 과정 만들어 운영하기
5) 재생산자가 되게 하기

4. 관계 전도하라
1) 찾아가기

2) 식구 되어 주기(많이 먹이기, 함께 만나기, 잡담하기, 이유 없이 삐져도 낙심치 말기, 사랑하기)
3) 구체적으로 복음 전하기

5. 부모와 연합하라
1) 부모가 가정의 사역자, 선교사, 목회자라는 믿음 갖기
2) 가정을 작은 교회로 여기고 바른 믿음 가르치기
3) 교회와 다음 세대 사역자들도 부모와 동역하기

6. 교회와 지역 사회와 연합하라
1) 학교 기도 모임을 통해 학교 안에 교회 세우기
2) 지역 사회와 연합하여 사랑의 마음으로 섬기기

교회 사역을 위한 전략

1. 교사들을 세워라
1) 가르치는 은사와 다음 세대에 열정이 있는 성도 찾기
2) 제자양육하기
3) 죽을 만큼 기도하게 하기

2. 비전 중심의 교육을 하라
1) 심방 가서 축복 기도를 하고 비전을 터치해 주기
2) 학생들과 명문대와 최고의 교회 비전트립 하기

3) 선교단을 구성해 선교 보내기
4) 비전스쿨을 통해 자신의 비전과 꿈을 발견하게 하기
5) 길거리 사역을 통해 지역 청소년들을 섬기며 꿈 발견하게 하기

3. 영성 중심의 교육을 하라
1) 복음 가르치기
2) 뜨거운 찬양과 기도 훈련을 통해 영성적 체험하기
3) 헌신자가 되게 하기(전도, 심방, 기도하는 리더)

4. 자율성을 기르는 교육을 하라
1) 성경 본문을 가지고 토론하게 하기
2) 동아리 모임을 만들어 스스로 운영케 하기

지도력을 '다시' 세워야 한다

지도력을 '다시' 세워야 한다

'good man'을 넘어 'great man'인 지도자가 되어라

지도자는 좋은 사람보다 훌륭한 사람이 되어야 한다. 즉, 'good man'을 넘어 'great man'이 되어야 한다. 이는 내가 군목에 입대하기 위해 키워주신 목사님께 인사를 갔을 때 그 목사님이 하신 말씀이기도 하다. "좋은 목사 소리 듣지 말고 훌륭한 목사 소리를 꼭 듣고 오시게나." 처음에는 이 말이 이해가 되지 않았지만 군목에 입대하고 보니, 그 말씀이 얼마나 중요한지 뼛속 깊이 느끼게 되었다. 그래서 그 말씀을 지금도 내 인생의 좌우명 중의 하나로 지키고 있다.

이를 위해 여러 가지 시도를 해보았는데 그중에 매우 중요한 것이 지도력(leadership)임을 알게 되었다. 목회 현장에서 지도력이 중요한 이유는 무엇인가?

첫 번째 이유는 이 시대가 지도력을 요구하는 시대이기 때문이다. 21세기는 정보화로 시작되었다. 정보화는 사회 각 분야의 다원화를 통해 많은 분야의 1등(only one)을 만들어 냈고 이것은 당연히 자기중심주의(me generation)를 양산했다. 그런데 이 많은 1등을 네트워킹하여 한 공동체로 만들기 위해서는 지도력이 절대적으로 필요한 것이다. 똑똑한 현대인들을 교회 안에서, 복음 안에서 헌신하게 하려면 지도력을 통해 비전을 전하고 동기를 부여하며 서로 교제하게 해야 한다. 이 시대는 지도력이 없이는 어떠한 영향력도 미칠 수 없는 시대가 되었다.

두 번째 이유는 목회 상황의 변화이다. 이 시대는 평신도의 영향력이 증대되고 그들이 사역해야 하는 시대가 되었다. 이 시대의 목회 현장은 목회자 혼자 감당할 수 있을 정도로 간단하지가 않으며, 너무도 다양한 욕구로 가득 차 있다. 그러므로 평신도로 하여금 그들의 영향력을 드러내며 사역하게 해줘야 한다. 이를 위해서 목회자의 지도력이 절대적으로 필요한 것이다. 아무리 설교를 잘해도 지도력이 없으면 평신도들을 제자로 양육하지 못한다. 평신도들을 제자로, 중간 지도자로 세우지 못하면 그 교회는 신바람이 나지 않고 부흥과는 거리가 멀어진다.

세 번째 이유는 지도력이 성서적인 요구이기 때문이다. 하나님은 우리를 만드실 때 지도자로 만드셨다. 창세기 1장 26절을 보면 "하나님이 이르시되 우리의 형상을 따라 우리의 모양대로 우리가 사람을 만들고 그들로 바다의 물고기와 하늘의 새와 가축과 온 땅과 땅에 기는 모든 것을 다스리게 하자 하시고"라고 하셨다. 온 인류의 주인이시며 다스리시는 하나님은 창조 때부터 그분의 영을 우리에게 넣으시고 우리도 하나님처럼 만물을 다스리는 지도자로 살게 하신 것이다.

신약성경의 고백은 더 직접적이다. 고린도전서 3장 16절을 보면 "너희는 너희가 하나님의 성전인 것과 하나님의 성령이 너희 안에 계시는 것을 알지 못하느냐"라고 하셨다. 또 12장 27절에는 "너희는 그리스도의 몸이요 지체의 각 부분이라"라고 하셨다.

성령님은 우리 속에 오셔서 우리가 성령님을 의지해 지도자로 살기를 기대하시는 것이다. 신·구약을 지도력의 눈으로 보면 매우 재미있는 결과를 추론하게 된다. 구약이나 신약은 몇몇의 지도자를 통해 일하신 내용의 기록이다(아브라함, 이삭, 야곱, 요셉, 모세, 다윗과 몇몇 예언자, 베드로와 바울 등). 한때 나는 구약을 연구하다가 어찌하여 이렇게 왕의 이야기만 나오는지를 불평한 적이 있다. 그러나 지금은 그 이유를 분명히 안다. 하나님은 지도자를 찾으시고 그들을 통해 일하시는 분이다. 한 사람을 부르실 때도 꼭 지도자가 될 약속을 던지시고 그에 맞는 훈련을 하신다. 그리고 사역하면서 지도자가 되게 하시고 그들에게 이 땅을 위임하신다. 하나님은 지금도 지도자를 찾으신다. 우리 인생은 지도력의 싸움이다. 지도력을 길러 탁월한 지도자가 되어야 한다.

지도력의 정의와 유형

1960년대 경영학자 테리(G.R.Terry)는 '지도력이란 그룹이 추구하는 목표를 위해 추종자들이 가까이 노력하도록 그들에게 영향을 미치는 행위'라고 정의한 바 있다. 그런가 하면 목회 리더십의 거장 존 맥스웰(John Maxwell)은 "지도력이란 영향력이다. 또한 추종자들을 모을 수 있는 능력이다."라고 명쾌하게 제시했다. 한마디로 지도력이란 주어진 상황 속에서 리더가 추종자들에게 조직의 공동 목표를 성취할 수 있도록 영향력을 행사하는 과정을 의미한다.

지도력에도 여러 가지 유형이 있는데, 그중 하나가 독재형 지도력(headship)이다. 즉, 머리가 되어서 남을 부려 자기의 목표를 성취하는 것이다. 여기에는 주인과 종의 관계가 존재한다. 또 관리적 지도력(managementship)도 있는데, 이는 사장이 직원들을 관리하는 형태이다. 이는 서로 이해관계 안에서 주고받기 때문에 서로의 의견이 맞지 않으면 언제든 깨질 수 있는 지도력이다. 목회 현장에서 흔히 '성도를 관리한다'라고 하는데 이는 매우 위험한 발상이다. 사람은 사랑과 섬김의 대상일

뿐 관리의 대상이 아니다. 이와 같은 지도력들은 지도자 중심적이어서 지도자가 그 위치를 소유하그 있다고 생각하여 항상 통제하고 명령하는 사람이 되며 중요한 일들을 조직원들에게 위임하지 않는다. 한마디로 조직이 지도자를 위해 있는 형태인 것이다.

이에 비해 진정한 지도력은 지도자를 위한 것이 아니라 조직원들을 섬기는 것이다(servant leadership). 이는 지도자가 추종자(follower)의 잠재력과 가능성을 개발해 또 하나의 지도자가 되게 하고 그들은 또 다른 지도자들로 재생산하는 것이다. 삼각형으로 말하자면 역삼각형으로 지도자는 가장 밑에서 추종자들을 섬기는 것이다. 이때 지도자는 지도자의 위치를 소유권으로 보지 않고 자신에게 부여된 청지기직으로 생각하며 추종자들이 승리해야 자신도 승리할 수 있기에 그들을 잘 섬기게 된다.

예수님은 이러한 지도력을 발휘하셨으며 또한 제자들에게 이를 가르치셨다. 갈라디아서 5장 13절을 보면 "형제들아 너희가 자유를 위하여 부르심을 입었으나 그러나 그 자유로 육체의 기회를 삼지 말고 오직 사랑으로 서로 종노릇하라"라고 하셨다. 또 마가복음 10장 44절에서는 "너희 중에 누구든지 으뜸이 되고자 하는 자는 모든 사람의 종이 되어야 하리라"라고 말씀하셨다.

비전을 세우는 지도자가 되라

교회 부흥에 있어 목회자의 리더십, 즉 지도력은 절대적이다. 옛날 어느 선배 목사님의 농담이 생각난다. "설교는 조금 못해도 쫓겨나지 않지만 지도력이 없으면 교회서 쫓겨난다네. 교회는 목회자의 스케일만큼 성장하고, 장로들의 수준만큼 수준이 올라가지. 지도력의 중요성을 알고 지도력을 잘 만들어 가게나." 꼭 맞는 말씀이다. 목회자는 교회 공동체의 지도자이다. 그러므로 지도력을 잘 알고 갖춰야 한다.

지도력은 타고나는 것이 아니다. 물론 타고난 사람이 없는 것은 아니지만 대부분 노력하고 힘쓰면 만들어진다. 그러나 결코 거저 만들어지지는 않는다. 지도력의 필수 부분을 알고 그것을 발전시켜야 지도력을 배양할 수 있다.

그렇다면 지도력의 중요 요인은 무엇인가?

지도력의 제일 중요한 요인은 '비전'이다. 비전이란 하나님 때문에 꾸는 꿈이다. 이 비전은 지도자에게 열정을 만들어 내는 미래의 그림이다. 동시에 지도자의 비전은 방향 설정으로 추종자들을 만들어 내며 그들이 지도자를 존경하는 이유가 된다. 많은 사람들은 지도자의 인격 때문에 추종자들이 지도자를 따라오며 존경할 것이라고 생각하지만 비전이 먼저다. 따라서 비전이 없는 지도자는 진정한 지도자가 아니다. 지도력을 세우길 원한다면 비전부터 세우고 정립하여 예리하게 발전시켜야 한다.

비전의 사람이 되는 첫 번째 방법은 비전을 발견하고 그것을 구체적으로 세우는 것이다. 그러나 문제는 비전을 어떻게 발견하는지 잘 모르는 데 있다. 비전을 발견하는 방법은 몇 가지가 있는데, 많은 사람들이 바울처럼 비전을 기도 중에 하나님으로부터 직접 받는다고 생각한다. 그러나 어디 그게 쉬운 일인가. 그래서 많은 사람들이 조금 찾다가 절망하곤 한다.

비전을 발견하는 또 다른 방법은 자신이 해본 결과 칭찬도 받고 자신감이 생겨서 그 일이 자신의 은사로 굳어진 경우다. 이러한 방법은 틀린 것은 아니지만, 비전을 발견하기까지 그 시간이 오래 걸리고 비전에 대한 생각을 놓치게 되면 중도에 포기할 가능성이 많기 때문에 위험한 방법이다.

나는 서른네 살이 다 되어서야 비전을 발견하게 되었다. 비자 문제로 유학을 가지 못하게 되었을 때, 하나님 앞에 나아가 기도하며 몸부림칠 때였다. 그때 하나님은 사도행전 11장에 나오는 바나바를 보여 주시며 말씀하셨다.

"왜 네가 바울이 되려하느냐? 나는 네가 바울을 길러내는 바나바가 되기를 원한다."

그 말씀을 듣고 나는 신학자가 아닌 목회자의 길로 마음을 정하게 되었다. 그리고 이것에 대한 확신을 위하여 『은사 발견 사역』(프리셉트)이란 책으로 공부하게 되었다. 이 책을 통해 나는 타고난 은사(gift)가 무엇인지와 나의 열정(passion)과 성향(style)이 무엇인지를 찾아내어, 내가 타고난 비전이 무엇인지를 알게 되었다. 나의 은사는 가르치는 은사와 지도력의 은사 그리고 분별의 은사가 차례로 나타났으며, 열정은 젊은 청년들, 성향은 매우 일 중심적이고 체계적인 것으로 드러났다. 이 셋을 조합하여 내린 결론은 기도 중에 들은 음성과도 같았다. '지도자를 키워 내는 사람'(Leader Maker)이 나의 비전이며 사명임을 알게 된 것이다.

그리고 이 비전을 붙잡고 여러 날을 기도하면서 그것을 꿈으로 풀어내었다.

"주님! 나로 인해 1만 가정이 구원되게 하시고, 그중에 1000명의 지도자가 나와 이 사회를 이끌게 하시며, 그중에 100명의 글로벌 리더가 나와 세계에 선한 영향력을 미치게 하시고, 그중에 10명의 영적 거장이 나와 영계의 흐름을 바꾸며, 그중에 1명의 노벨평화상 수상자가 나와 하나님께 영광을 돌리게 하옵소서!"

나는 이 비전과 꿈을 붙잡고 31년간 목회하고 있다. 이 비전은 빛가온교회(구. 상계교회)의 비전이 되어 미자립교회의 자립화를 통해 한국교회를 살리고, 다음 세대를 키워 한국의 미래 100년을 준비하는 교회가 되기를 추구하고 있다.

이렇게 은사와 열정, 그리고 성향을 점검해 비전이 무엇인지를 찾는 일이 비전의 사람이 되는 첫걸음이다. 비전은 사람마다 다를 수 있고 같은 비전이라도 방법이 다를 수 있다. 예수님의 비전은 제자 양육을 통한 하나님 나라 확장이었고, 바울의 비전은 이방 선교를 통한 하나님 나라 확장이었다. 이렇듯 비전에서 자신만의 삶의 색깔과 특징이 나온다. 비전을 모른다는 것은 결국 목적지 없이 달리는 육상 선수와 같다.

비전의 사람이 되는 두 번째 방법은 그 비전대로 사는 것이다. 그러기 위해서는 세워진 비전을 계속적으로 '터치'해야 한다. 세워진 비전을 글로 써서 붙여 놓고 입으로 외쳐라. 그 최상의 방법은 매일 기도하는 것이다. 기도하면 하나님이 들으시고 도와주시며, 기도하는 나의 세포 하나하나에 그 비전이 심어져서 가슴이 뜨겁게 데워진다. 또한 교회나 다른 공동체도 비전을 정해 바라보고 함께 외치면 비전을 공유하는 자들이 모이게 된다.

나는 어느 교회를 가든, 어떤 성경 공부 모임을 인도하든 먼저 비전을 설정하고 매 시간마다 그 비전을 말하게 한다. 지금까지 담임목회자로 섬겼던 교회들은 상처가 많았다. 그 치유 비법에 대해 질문을 많이 받는데, 그 방법은 '비전을 제시해 함께 바라보고 공유하는 것'이었다. 비전을 바라보니 교인들 간에 싸우는 일도 줄어들었다.

이렇게 비전을 공유하는 자들을 모아 '비전 나눔 그룹'을 만들어 서로 격려해 주고 칭찬하며 축복해 주면 금상첨화다. 그때 서로의 비전 네임 (vision name)을 만들어 본인도 부르고 다른 사람들도 부르면 엄청난 비전 터치가 된다.

한 사람이면 패하겠거니와 두 사람이면 맞설 수 있나니 세 겹줄은 쉽게 끊어지지 아니하느니라 (전 4:12)

나의 비전 네임은 리더 메이커(leader maker)다. 어디를 가도 나의 비전과 함께 비전 네임을 소개한다. 명함에도 기록되어 있다. 자연히 지도자를 기르고 만드는 일에 심혈을 기울이는 삶을 살게 된다. 신학교에서 강의를 할 때 한 학년에서 3명씩 선발해 리더십 스쿨을 인도한 경험이 있다. 거기서 각자의 비전 네임을 정하게 하고 그 모임에서는 항상 그 이름만을 부르게 했다. 그 이름을 부르면서 비전의 터치를 받게 하려고 한 것이다. 아직 그들은 과정 중에 있지만 각 분야에서 열심히 성장해 가는 모습을 대견스럽게 바라보고 있다. 그 과정이 결과가 될 때 그들의 비전 네임은 현실이 될 것이라 믿는다.

비전의 사람이 되는 세 번째 방법은 공유한 비전을 성취하기 위해 대가를 지불하는 것이다. 지도자가 치러야 할 대가는 학습하는 것이다. 즉, 지도자는 독서가이며 학습자가 되어야 한다(Leader is Reader). 지도자는 능력이 많은 사람이 아니라 능력을 개발할 줄 아는 사람이다. 그러므로 공부하고 학습하여 그 분야의 전문가가 되어야 하고, 동시에 공동체원들을 학습시켜 비전을 성취하기 위해 헌신하게 해야 한다.

공부라는 것이 꼭 책을 읽는 것만은 아니다. 현장에서 직접 체험하는 것이야말로 산 공부며 다른 사람들이 이루어 놓은 훌륭한 것을 벤치마킹하는 것도 큰 공부다. 지도자는 비전을 세우기 위해서 공부해야 한다. 그리고 그 비전을 키우기 위해서도 공부해야 한다. 아는 만큼 보게 되고 보는 만큼 비전을 세우게 된다. 이런 면에서 지도자는 학습하여 비전을 만드는 '비전 메이커'이다.

교회가 부흥하기 위해서는 목회자의 리더십, 즉 지도력이 절대적이다. 그리고 그 지도력의 핵심은 비전이다. 목회자 자신이 할 수 있는 비전, 교회 상황에 맞는 비전, 복음에 맞는 비전을 설정하고 그것을 같이 바라보게 할 때 목회자의 지도력은 견고해지고 교회는 그만큼 성장하게 되어 있다.

인격을 갖춘 지도자가 되라

현대 경영학의 아버지라 불리는 피터 드러커는 21세기의 지식 사회를 이끌어 갈 지도자에 대해 "리더십이란 어떤 사람의 문제이지, 무엇을 어떻게 하느냐의 문제가 아니다. 즉 방법론보다 인격이 먼저다."라고 말했다. 지도자에게 인격은 아무리 강조해도 지나치지 않을 것이다. 인격이 갖추어지지 않은 지도자는 힘으로 다스릴 수는 있지만 존경을 받을 수는 없다. 존경받지 못하는 지도자가 따르는 사람들을 원하는 곳으로 원만하게 이끌고 가는 것은 불가능하다. 또한 분열과 원망, 대립과 갈등 속에서 지도력을 제대로 발휘하지 못한다.

하나님은 어떤 사람을 지도자로 쓰시기 전에 항상 인격부터, 사람됨부터 바꾸셨다. 항상 그런 것은 아니지만 대부분 고난이라는 방법을 사용하셨는데, 요셉이 그랬고 모세가 그랬고 다윗이 그랬다. 고난이 아니고는, 막다른 골목이 아니고는 인격의 모난 부분이 다듬어지지 않기 때문이다. 이 사실을 알았던 요셉은 훗날 자기를 팔고 두려워하는 형들에게 이렇게 고백했다.

하나님이 큰 구원으로 당신들의 생명을 보존하고 당신들의 후손을 세상에 두시려고 나를 당신들보다 먼저 보내셨나니 그런즉 나를 이리로 보낸 이는 당신들이 아니요 하나님이시라 하나님이 나를 바로에게 아버지로 삼으시고 그 온 집의 주로 삼으시며 애굽 온 땅의 통치자로 삼으셨나이다 (창 45:7-8)

당할 때는 힘들었지만 지나고 나서 보니 그것으로 인해 자신의 인격과 신앙적인 성품이 다져진 것을 안 것이다. 사실 요셉은 아버지의 편애를 받고 자랐으며 형들의 흠을 고자질할 정도의 어린 성품의 사람이었다. 하나님은 이런 요셉을 종으로, 또 죄수의 몸으로 만드셔서 하나님이 쓰실 만한 인격을 갖추게 하셨다. 다윗도 다른 사람이 아닌 장인 사울로부터 다가오는 고난을 통해 일국의 왕으로서의 인격과 하나님 일꾼으로서의 품성을 함양해야 했다. 이런 지도자의 안목으로 우리에게 다가온 고난을 대할 수 있다면 "고난은 변장된 축복"이라고 고백하지 않을 수 없을 것이다.

하나님이 쓰시려고 하는 사람에게 요구되는 인격 중에는 필수 불가결한 것이 세 가지 있다. 첫째는 섬김의 인격이다. 지도력의 기본은 섬김에서 나온다. 지도력은 하나님을 섬기고 이웃을 섬기는 데 그 목적이 있다. 마더 테레사는 "우리는 성공하려고 부름 받은 것이 아니라 복종하려고 부름 받았다."라고 하여 지도력에 있어 섬김의 인격이 얼마나 중요한지를 정확하게 지적하였다. 그러므로 지도자는 섬김의 인격을 배양하기 위해 힘써야 한다. 이를 위해서는 늘 나눔과 배려를 연습해야 한다.

섬김은 타고난 성품이 아니다. 하나님의 은혜 안에서 그분의 섬김에 감격하여 작은 것에서부터 섬김의 노력을 해야 한다. 그래야 습관이 된다. '섬김이 습관이 된 인생'은 하나님이 반드시 쓰신다. 이 섬김이 습관이 되어야만, 지도력의 꽃이며 열매인 '위임'이 가능하다. 열심히 잘 쌓아 놓고도 마지막에 나누고 위임하지 못해서 실패하는 지도자들이 참 많다. 모세가 여호수아에게 위임하고 느보산에서 사라지는 모습은 얼마나 숭고하고 눈물겨운가! 몇 년 전에 성경의 땅을 밟았을 때 나는 느보산에서 모세의 위임을 생각하며 눈물을 흘린 적이 있다. 강 하나만 건너면 그렇게 고대하던 땅 가나안, 평생을 바친 목적이 성취되는 순간에 위대한 지도자 모세는 자신의 한계점을 알고 여호수아에게 위임한 뒤 하나님의 안식의 품으로 조용히 사라져 준 것이다. 이 위임은 항상 재생산의 축복으로 이어진다. 위임이 없기 때문에 재생산이 안 되고 새 일꾼들이 세워지지 않는 것이다. 위임을 하지 못하는 것은 평소에 섬김의 훈련이 되어 있지 않아서다. 위로는 하나님과 그분의 뜻을 섬기고, 옆으로는 사람을 섬기며, 아래로는 후임과 후배를 섬기는 성품을 개발해야 한다.

둘째는 열정의 인격이다. 대부분의 사람들은 하나님이 '우리의 능력을 보고 쓰신다'라고 생각하는데 결코 그렇지 않다. 능력은 하나님께서 얼마든지 부어 주실 수 있다. 그러나 능력보다 더 중요한 것은 열정이다. 하나님께서도 우리의 열정을 보고 감동하신다. 엘리사를 보라. 자신의 스승 엘리야보다 갑절의 영감을 구하며 끝끝내 따라가니 그가 원하는 대로 엄청난 능력을 부어 주시지 않았는가. 열정 위해 능력을 부으시니 엘리사는 예수님과 너무도 흡사한 사역들을 감당해 냈다. 사람들도 그렇다.

지도자의 능력이 아니라 열정 때문에 감동하고 따라온다. 따라서 지도자는 열정의 인격을 키워야 한다. 열정을 키우는 최고의 방법은 하나님의 임재를 경험하며 그분이 주시는 사명에 붙잡히는 인생이 되는 것이다. 사명은 환경도 넘어서게 하며, 우리 가슴에 불을 넣는다. 그래서 사명의 사람이 되면 열정의 사람이 된다.

셋째는 거룩함의 인격이다. "내가 거룩하니 너희도 거룩할지어다"(벧전 1:16)라고 말씀하신 하나님은 거룩한 자를 즐겨 사용하신다. 하나님이 거룩하시기 때문이다. '거룩함'이란 구별됨을 의미하는데, 하나님의 이름과 나라를 위해 영과 육과 혼, 시간과 마음과 물질 등을 구별하는 것이다. 하나님은 이렇게 거룩하게 살려고 하는 자에게 특별한 애정을 가지고 계신다. 그 모습 속에서 자신의 욕심을 억제하고 하나님의 영광을 위해 살아가려는 노력이 보이기 때문이다. 고로 거룩함을 유지하는 것은 끝까지 계속 사용됨에 있어 매우 중요한 관건이다. 또 거룩함은 하나님의 성품이기 때문에 하나님의 성품을 닮은 자를 하나님은 사랑하신다. 하나님은 거룩하지 않은 자를 사용하시고자 할 때는 반드시 거룩하게 만드신 후에 사용하신다. 바울을 보라. 그는 극적인 체험을 통해 자신의 죄와 추함을 알고 철저히 회개한 후 사용되었다. 거룩함의 중요성을 알았던 그는 디모데후서 2장 21절에서 "그러므로 누구든지 이런 것에서 자기를 깨끗하게 하면 귀히 쓰는 그릇이 되어 거룩하고 주인의 쓰심에 합당하며 모든 선한 일에 준비함이 되리라"라고 거룩함을 고백적으로 강조하고 있다.

훗날 주님 앞에 갈 때 우리는 구원 받아 얻은 영생과, 상급 받을 이유가 될 이 땅에서의 희생과, 주님 닮은 성품을 가지고 간다. 주님의 나라를 위한 사역의 지도자로 쓰이기를 원한다면 주님을 닮은 인격을 갖춰야 하나님께 사랑받는 지도자, 또 사람들에게 존경받는 지도자가 될 것이다.

전문성을 지닌 지도자가 되라

이 시대는 전문성을 필요로 하는 시대이다. 과학의 발달과 정보화로 세분화되고 전문화되었기 때문이다. 지도자(leader)란 이끄는 자이다. 여기서 '이끈다'는 말은 그 분야에서 전문성을 가지고 가르치며 방향성을 제시한다는 의미가 내포되어 있다. 따라서 전문성이 없는 지도자는 있으나 마나고, 자리만 차지하며, 도리어 걸림돌이 될 가능성이 많다. 지도자로 살아가려면 전문성을 길러야 한다.

목회자도 목회의 전문가이다. 성경적인 패러다임으로 시대를 분석하고 나아갈 길을 제시하는 전문성이 있어야 한다는 뜻이다. 목회자는 하나님의 뜻을 전하고 회중들의 요구를 바라보며 그들을 복된 길로 인도해야 하기 때문에 누구보다 다방면의 전문성이 요구되는 사람들이다.

목회자가 꼭 길러야 하는 4가지의 전문성이 있다.

첫째는 영적인 전문성이다. 목회자가 존재하는 이유도, 목회자의 존재의 힘도 영적인 전문성에서 나온다. 목회자는 그 시대에 마지막 남아 있는 영성과 영적인 전문성의 보루가 되어야 한다. 헨리 나우웬의 말이 가슴에 깊이 와닿는다.

"내일의 리더는 내면에서 일어나는 일들을 정확하게 표현하는 사역자, 긍휼의 사역자, 묵상하는 사역자여야 한다. 날마다 말씀을 묵상하고 기도하며 침묵하는 것을 반복해야 한다. 그래야만 시선이 하나님께 고정되며 인기보다 더 높은 부르심에 응답할 수 있다."

영적인 전문성을 키우기 위해 성경을 깊이 연구하며 하나님과 깊은 소통이 있어야 함을 지적하는 말이다. 목회자는 늘 성경을 붙잡고 기도하는 자리에 있지만, 잘못하면 남만 인도했지 정작 자신의 영성은 빈곤할 때가 많다. 목회자는 본인의 영성을 위해 누구보다 철저하게 신앙생활을 해야 한다. 성경에 나오는 바리새인이나 사두개인들이 비난을 받지만 그들이 추구하는 철저함은 배워야 한다. 그들은 자신만큼 남도 철저해야 한다는 입장에서 타인의 잘못을 정죄하는 실수를 범한 것이지만, 오늘날 이 시대의 영적 지도자들은 그들의 삶의 철저함을 깊이 생각해 볼 필요가 있다. 단적으로 두 가지만 생각해 보자. 먼저 헌금 생활이다. 성도들에게 헌금을 하도록 가르치기에 앞서 목회자가 먼저 철저한 십일조와 감사 생활을 하고, 교회 재정을 '하나님의 것'이라는 생각으로 사용하는 철저함이 있어야 한다. 또 하나는 전도이다. 어느 목사님이 "한국의 목사들이 한 달에 한 명씩만 전도해도 1년이면 100만 명이 전도되는 일이 일어난다"고 하셨는데, 이는 영적인 생활의 모범을 보이라는 강력한 도전이다.

둘째는 지성의 전문성이다. 우리가 살고 있는 이 시대는 지식 사회이다. 고로 지성이 없으면 설득력이 없고 호소력이 없으며 성도들과 서로 소통이 되지 않는다. 이 시대 목회자들이 가져야 할 영성도 '지성적 영성'이어야 하는 이유가 바로 여기에 있다. 목회자들은 지성을 통해 세상을 읽고 영성을 통해 해답을 주어야 한다. 영성만 있으면 소통이 안 되고, 지성만 있으면 차갑고 핵심을 움직이지 못한다. 칼뱅의 외침이 가슴 깊이 다가온다. "한 손에는 성경을, 한 손에는 신문을!"

목회자들은 이러한 지적인 전문성을 위해서 노력해야 한다. 독서의 폭을 확대하고 깊이를 더해야 한다. 한 분야의 길을 보려면 그 분야에 대한 책 30권을 읽어야 하고, 그 분야의 최고가 되려면 그 분야에 대한 책 100권을 읽고 그 분야에서 10년을 종사해야 한다고 했다. 그러므로 목회자는 시, 수필, 소설, 신학서적, 설교집 등 다양한 독서를 해야 한다. 특히 신학잡지나 목회 잡지를 통해 목회의 시대적 흐름을 놓치지 말아야 하고, 신학적 사고의 지평을 넓히는 작업도 놓치지 말아야 한다. 신학이란 신앙의 울타리이며 교리를 해석하고 이단으로부터 교회를 지키는 변증학적 노력이기 때문이다. 이런 노력이 수반되지 않으면 회중들의 삶을 성경적으로 해석해 줄 수 없으며, 그렇게 되면 성도들은 하나님의 말씀을 가볍게 여기고 교회를 떠나게 될 것이다. 시대적인 신학의 흐름, 시대적 이슈에 대한 신학적 해석들에 귀를 기울이며 목회에 임해야 할 것이다.

셋째는 사역의 전문성이다. 목회자는 목회 사역자(minister)이다. 사역자이기에 자신의 분야에서 전문성을 길러야 한다. 목회자가 중요하게 다루어야 할 사역의 분야는 비전 세우기, 기도, 전도, 예배, 설교, 양육, 소그룹, 심방, 다음 세대 양육, 지도력 분야이다. 이 분야들을 전문가답게 깊이 있게 이해해야 하고, 사역 현장에 풀어내야 한다.

특히 이 시대에는 목회자가 설교와 소그룹 그리고 지도력 분야에 집중하여 사역의 전문성을 키워야 한다. 이는 대중 매체의 발달로 설교를 못하면 목회 자체가 안 되는 시대가 왔기 때문이고, 소그룹 양육의 대가가 되지 못한다면 충성스러운 교인들, 성경적인 가치관을 가지고 사는 주님의 군사들을 길러 내지 못하므로 역사적인 변혁을 일으키지 못하기 때문이다. 그리고 지도력이 없으면 늘 문제에 쫓기는 지도자가 되어 목회력을 제대로 발휘하지 못하고 성도들에게 버림받는 목회자가 되기 때문이다. 이러한 분야의 전문성을 위해 더 많이 연구하고 더 많이 땀을 흘려야 하는 시대가 된 것이다.

넷째는 사람을 키우는 전문성이다. 목회는 사람을 키우는 자이다. 교회의 2대 사명이 영혼 구원과 양육이라면 교회의 최고 지도자인 목회자에게 양육의 전문성은 그 어떤 것보다 절실하게 욕구되는 것이다. 대부분 목회자의 꿈이 교회 성장일 텐데, 성도들을 사역자로 또 지도자로 잘 키워 내면 교회는 저절로 부흥할 것이다.

이렇게 중요한 것을 알면서도 왜 못하는가? 여러 가지 이유가 있겠지만 그중 가장 큰 이유는 시도하지 않기 때문이 아닐까 한다. 성경 공부나 제자 양육을 경험하지 못했거나 자신이 없어서 시도하지 않는 것이다. 그러나 나의 경험에 의하면 '해보면 길이 열린다.' 양육 프로그램을 운영하면서 그 중요성도 더 깊이 알게 되고 방법과 기술도 배우게 된다. 또 더 큰 바람이 생겨 제자 양육에 대한 훈련을 목회자 자신도 받게 된다.

또 교회의 전반적인 프로그램이나 예배를 운영함에 있어 평신도 사역자 배출에 대한 마인드가 없거나 약해서가 아닐까 한다. 지도자는 하루 아침에 키워지지 않는다. 평소에 늘 목회자가 성도들을 구경꾼이 아닌 사역자가 되어야 함을 가르쳐야 한다. 그리고 결정적인 양육 프로그램을 만들어 배우게 하고 작은 일이라도 위임하게 되면 사역자로, 지도자로 성장해 갈 것이다.

직분자 리더십 훈련 교안

1. 우리가 살아야 할 21세기는?

① 정보화 - 가속화

② 다원화 - 상대화, 수평화 : Only One - 평신도 역할의 증대

③ 비인간화 - 상대주의, 물질주의, 세속주의, 이기주의의 가치관, - 감각적, 소비적,
   자기중심적인 인간관 형성

2. 크리스천 리더십의 기본 및 특징

① 기본 - 인격, 전문성, 영력

② 특징 - Servant Leadership

   갈 5:13 - 형제들아 너희가 자유를 위하여 부르심을 입었으나 그러나 그 자유로 육체의 기
   회를 삼지 말고 오직 사랑으로 서로 종노릇하라

3. 성서가 말하는 지도자(행 11:10~26) - 바울형(목회자형, 개척, 일 중심), 바나바
   형(평신도, 위로와 격려, 사람 중심)

① 당신은 무릎 꿇음을 위해 부름 받았습니다.

   - 기도는 master key

② 당신은 교회의 성숙을 위해 부름 받았습니다.

   - 성장 mind에서 성숙 mind로!

③ 당신은 목회의 협력자로 부름 받았습니다.

④ 당신은 신실한 청지기로 부름 받았습니다.

⑤ 당신은 은사 활용을 위해 부름 받았습니다.

   - 열정, 은사, 스타일

⑥ 당신은 지상의 선교사로 부름 받았습니다.

   - 목회자는 교회를, 성도는 세상을 변화시키는 주역!

   - 평신도 목회자

⑦ 당신은 상처 난 감정의 위로자로 부름 받았습니다.

⑧ 당신은 신앙의 리더십을 위해 부름 받았습니다.

인생이나 목회는 지도력 싸움이다. 지도력의 중요성을 알고 이를 배양해야 한다. 아무리 개인적인 능력이 탁월해도 지도력이 없이는 그 능력이 발휘되지 않는다. 내가 일하여 내가 먹는 인생은 고달프다. 그것보다는 '나와 너'가 힘을 합하여 플러스(+) 인생이 되어야 수월하다. 더 나아가 지도력을 발휘해 모두가 힘을 합하여 제3의 힘을 만들어 내는 곱하기(×) 인생이 되면 큰 영향력을 미치며 살아가게 될 것이다.

물론 지도력에는 많은 도전이 있다. 하나님의 나라가 확장되는 것을 방해하는 마귀의 작전 또는 지도자의 탈진, 주변의 시기 등이 그것이다. 이러한 위험 요소들을 잘 방비하면서 지도력을 발휘하면 분명 지금보다 나은 내일이 주어질 것이다.

확신하라. 주님은 오늘도 하나님 나라를 위하여 쓰실 지도자를 찾고 계신다는 것을! 그 대상이 바로 우리다. 주님이 부르신다. 그리고 그 부르심에 응하는 자들을 도와주신다. '나는 지도자다!'를 외치며 지도력의 전쟁에 뛰어들어 보자.

사역 현장에서 지도력이 중요한 이유
1. 지도력을 요구하는 시대
2. 사역 상황의 변화
3. 성서적인 요구

지도력의 정의
주어진 상황 속에서 리더가 추종자들에게 조직의 공동 목표를 성취할 수 있도록 영향력을 행사하는 과정

지도력의 유형
1. 독재형 지도력 : 머리가 되어서 남을 부려 자기의 목표를 성취하는 것
2. 관리적 지도력 : 사장이 직원들을 관리하는 것
3. 섬기는 지도력 : 조직원들을 섬기며 그들의 잠재력과 가능성을 개발해 또 다른 지도자로 재생산하는 것

지도력의 중요 요인, 비전의 사람이 되려면
1. 비전을 발견하고 그것을 구체적으로 세우기
2. 비전대로 살 수 있도록 세워진 비전을 터치하며(기도), 비전 공유하기
3. 공유한 비전을 성취하기 위해 대가 지불하기(학습, 독서, 체험)

지도자에게 요구되는 인격
1. 섬김의 인격 : 하나님의 은혜에 감격하여 작은 것에서부터 섬겨야 한다.
2. 열정의 인격 : 하나님의 임재를 경험하며 사명의 사람 되어야 한다.

3. 거룩함의 인격 : 하나님의 이름과 나라를 위해 영과 육과 혼, 시간과 마음과 물질 등을 구별해야 한다.

사역자가 길러야 하는 4가지 전문성

1. 영적인 전문성 : 성경을 깊이 연구하며 하나님과 깊은 소통이 있어야 한다.
2. 지성의 전문성 : 독서의 폭을 확대하고 깊이를 더해야 한다.
3. 사역의 전문성 : 비전, 기도, 전도, 예배, 설교, 양육, 소그룹, 심방, 다음 세대 양육, 지도력 분야의 사역을 깊이 있게 이해하고, 사역 현장에 풀어내야 한다.
4. 사람을 키우는 전문성 : 결정적인 양육 프로그램을 만들어 성도들을 사역자와 지도자로 잘 키워 내야 한다.

예식의
형태도
'다시'
만들어야
한다

예식의 형태도
'다시' 만들어야 한다

결혼 예식

후배 목사님과 함께 같은 차를 타고 장거리 여행을 한 적이 있다. 여행 중 그 목사님은 "저희 교회 부역자의 결혼식이 있는데 의미 있고 은혜롭게 하고 싶은데 좋은 아이디어 있습니까?"라는 질문을 했다. 그 질문으로 인하여 우리 두 사람은 한국교회의 각종 예식에 대하여 고민을 같이 나누게 되었다.

요즈음 많은 젊은이들은 결혼식을 예식으로 대하지 않고 화려한 이벤트 정도로 생각하는 경향이 크다. 그래서 예배로 드리려고 하지 않고 주례자도 없이 결혼식을 거행하기도 한다. 그러나 결혼식은 하나님과 사람들 앞에 두 사람이 전 생애를 함께하기로 전인격을 걸고 하는 전적인 언약식이다. 그러므로 하나님께 예배하는 것이 맞고, 그 언약식을 이끄는 주례자가 있는 것이 맞다. 이런 중요한 의미를 잃어버리게 된 가장 큰 원인은 사회의 변화이다. 그러나 교회에서 드려지는 결혼식에서 결혼 당사자들과 가족들이 참여할 의지가 없고, 목회자 혼자 인도하는 결혼예배에 젊은이들이 허전함을 느끼기 시작한 것도 이유일 것이다. 또한 결혼식의 성서적인 의미에 대해 교회가 적극적으로 교육하지 못했던 것도 이유가 될 것이다.

빛가온교회(구. 상계교회)는 결혼할 부부들을 위하여 결혼식 전에 두 가지 일을 하는데 하나는 젊은이들에게는 연애학교를, 곧 결혼할 커플에게는 부부성장학교에 참여하게 하는 것이다. 그 과정을 통해 결혼이 무엇인지, 결혼할 남녀가 얼마나 다른지, 가정을 이룬다는 것은 얼마나 중요한 것인지를 많게는 10주, 적게는 3주에 걸쳐 교육한다. 또 다른 하나는 결혼 전에 읽을 책을 선정하여 주는 것이다. 그리고 읽고 느낀 점을 두 사람이 나누고 목회자가 중간 점검을 해준다. 책 한 권만 제대로 읽어도 결혼을 준비함에 있어 집이나 혼수품 준비보다 훨씬 중요한 것이 있음을 알게 된다. 그 과정에 참여한 커플들은 하나님이 복 주시지 않는 한, 가정이 성공할 수 없음을 알기에 기쁜 마음으로 그들의 결혼식을 예배로 드리게 된다.

나는 두 가지 형태로 결혼식을 인도한다. 먼저 교회에서 드리거나 본인들이 확실히 동의할 때는 하나님께 예배하는 것을 확연하게 드러내는 형태로 결혼식을 인도한다.

결혼식을 4부로 나누는데 1부는 하나님께 감사의 '예배'를 드리게 한다. 이때 할 수 있으면 찬양대를 세워 하나님께 찬양을 드린다. 가운 입은 찬양대가 서는 것만으로도 결혼식 분위기는 매우 경건해진다. 주례도 축하의 의미도 있지만 성경적인 결혼에 대한 가르침을 설교로 한다.

2부는 '결혼식'이다. 결혼식은 결혼을 하는 두 사람이 자신의 목소리로 하나님 앞과 여러 증인들 앞에서 서약하는 것으로 시작된다. 그다음은 신물(信物)로 반지를 의미 있게 교환하게 하고, 서로 온 인격을 담아 섬기겠다는 의미로 맞절을 하게 한다. 그 후에 성경 위에 서로의 오른손을 얹고 그 위에 주례 목사가 손을 얹고 간절히 기도한 후에 그 상태로 부부가 되었음을 성부와 성자와 성령의 이름으로 선포한다. 결혼식의 마지막은 부부가 된 두 사람이 약식의 성찬을 하고 부부로서 첫 포옹을 하는 것이다.

3부는 '축하'이다. 축가나 축하의 연주가 있고 친구들이 준비한 즐거운 순서를 마음껏 하게 한다. 그리고 부부가 되어서 사위를 맞고 며느리를 맞이한 양가 부모님께 감사와 축하의 인사를 드리고, 회중들에게도 감사의 인사를 드리며 서로 간에 기쁨을 나누게 한다.

4부는 결혼식의 백미인 '보냄'이다. 혼자 살던 그들이 함께 사는 삶의 첫발을 내딛게 되는 설렘의 순간이며 또 한편으로는 두려운 시간이다. 이때 부모님들이 그들을 독립된 인격으로 떠나보내야 하는데, 그것이 축복 기도이다. 이 축도는 목사 혼자하지 않는다. 양쪽 부모님들도 앞으로 나오게 하여 아버지들은 자녀의 머리에 손을 얹고, 어머니들은 그들의 팔과 등에 손을 얹게 한다. 할 수 있으면 성도들이 함께 통성으로 중보하며 기도해 준다. 그리고 그 상태로 목사가 축복기도와 축도를 하고 세상을 향해 행군 명령을 한다. 그러면 온 교우와 친지들의 큰 응원 속에 힘찬 첫걸음을 내딛게 된다.

또 하나의 형태는 예식장에서 간단하게 할 때이다. 이때는 찬양대를 세우거나 성찬을 하기는 어렵지만 주례사를 줄이고 위의 다른 순서를 가진다. 믿지 않는 사람들도 결혼식의 의미가 드러나니 경건하게 참여하는 모습을 목격하게 된다. 그리고 마지막으로 부모들이 두 사람에게 손을 얹어 보내는 장면에는 모두가 감동하게 된다.

결혼식은 결혼하는 자들에게는 믿음을 넣어 주고, 불신자들에게는 전도할 수 있는 매우 중요한 전도의 통로이기도 하다. 조금만 더 연구하여 결혼식이 하나님께는 영광을, 본인들에게는 의미를, 하객들에게는 도전의 시간이 되었으면 좋겠다.

장례 예식

옛날 어느 선배 목사님의 말씀이 생각난다. "장례식을 잘 치러 주면 교회가 부흥한다." 장례식은 그만큼 중요하고도 어렵다는 이야기다.

장례식하면 떠오르는 사건이 하나 있다. 내가 군목 재직 시 연대장의 모친께서 소천하셨다. 고인이 나가시던 교회 목사님이 발인예배를 인도하셨는데 장례를 치르고 부대에 온 연대장이 "목사님께서 삼우제예배를 드려 주십시오."라고 말하는 것이 아닌가. 왜 그러시냐고 물었더니 뜻밖에 "어째 장례를 치른 것 같지 않습니다."라는 대답이 돌아왔다. 나도 그 장례예배에 참석했었는데 그 예배를 인도하시는 목사님이 처음부터 끝까지 일방적으로 예배를 이끌어 가시는 바람에 유족들이나 조문객들이 고인과의 육적인 이별을 슬퍼하거나 감사할 수 있는 여지가 전혀 없어 보였는데, 그것이 못마땅했던 것이다.

'삼우제예배'라는 것은 없지만 나는 얼른 눈치를 채고 그리하겠다고 대답했다. 그리고 유가족들에게 예배 준비를 시켰다. 가족들이 대표기도를 하고, 성경을 읽고, 특송도 하고, 고인의 약력을 읽으며 남긴 인생의 유훈을 말하는 순서가 있는 예배를 구성하고 그에 맞는 순서지를 만들었다. 그리고 영정 사진과 백합꽃 한 다발, 돗자리를 준비하게 하였다. 예배를 인도하는 나 역시도 흰 가운을 준비하여 산에 올라갔다. 그리고 고인의 묘지 앞에서 순서대로 가족들이 참여하는 예배를 진행하였다. 기도하며 울고, 성경 읽다 울고, 특송하다가 울고, 약력을 낭독하다가 울며, 그렇게 온 가족이 실컷 울었다. 설교 후에는 모두 손을 잡고 무릎을 꿇게 한 뒤에 천국 소망을 가지고 믿음으로 잘 살겠다고 다짐하는 통성기도 시간을 가졌다. 그리고 생전의 어머니를 추억하게 하였다.

그리고 나는 얼른 내려오고 가족들끼리 시간을 갖게 하였다. 예배를 드린 다음 주일 연대장 부부가 나를 찾아 왔다. "목사님, 감사합니다. 삼우제예배를 드리고 나니 가슴이 뻥 뚫렸습니다. 이것은 장례를 치르고 남은 돈입니다. 병사들을 위해 교회 짓는 데 밀알로 써 주십시오." 적지 않은 헌금을 드리는 그들의 모습은 어머님을 여읜 슬픔을 이겨 내고 천국 소망으로 가득 찬 모습 그 자체였다.

우리 문화에서 장례식은 정말로 중요하다. 그러나 교회에서 치르는 장례식에서 '너무 쉽게 울거나 슬퍼하면 안 된다'라고 말한다. 하지만 천국에서 만날 소망이 있어도 사랑하는 가족과의 육신의 이별이 어찌 슬프지 않겠는가. 슬픔을 표현하게 하고, 믿음으로 그것을 넘어서게 해야 한다.

나는 장례식에 가서 늘 '복된 장례'가 되게 해달라고 기도한다. 복된 장례식이 되려면 어떻게 해야 하는가?

첫째, 임종 직전에 달려가 예배하며 '구원의 유무'를 확인하고, 아직 구원의 확신이 없는 사람에게는 구원 초청을 하고 세례를 주어야 한다. 그리고 구원의 확신이 있는 이들에게는 천국 소망으로 재무장시켜야 한다.

둘째, 임종하면 목회자가 달려가 임종예배를 드리고 장례를 잘 안내하고, 교회가 도울 것이 무엇인지를 물어야 한다. 교회 상조기를 세우고, 입관예배, 발인예배, 하관예배 시간을 정하여 교회에 알린다.

셋째, 입관예배는 참 슬픈 시간이다. 유가족들이 고인의 육신을 마지막으로 보는 시간이라고 생각하기에 만감이 교차하는 시간이다. 그러므로 그들을 위로하고, 부모님께 못 다한 효도를 형제와 자녀들에게 베풀 것을 다짐시키며, 이 장례에 오는 조문객들에게 복음을 전하고, 가문이 다시 일어나는 계기를 제공하는 복된 장례를 모시도록 동기를 부여해야 한다. 통성기도도 좋다. 가족들은 기도 중에 울며 슬픔을 표현하고, 통성기도로 죽음의 권세가 떠나가고 새로운 영적인 힘을 얻을 수 있기 때문이다.

넷째, 발인예배는 길지 않고 내실 있게 드려야 한다. 순서지를 준비하고, 고인의 양력 낭독을 준비하고, 특송도 준비한다. 예배 중에 상주가 인사하는 시간도 주어 유족들이 예배에 동참하게 해야 한다. 이때 찬송은 힘찬 것으로 불러 분위기를 영적으로 압도해야 한다. 발인예배 후 관을 운구할 때 '천국에서 만나보자'라는 찬송을 힘차게 부르는 것이 좋고, 운구차에 안치한 후 우족들이 앞에 나와 마지막 인사를 할 시간을 주어야 한다. 그리고 목사가 기도하고 떠나보내면 된다.

다섯째, 하관예배가 화장터에서 많이 진행되는데 화구에 시신을 모신 후 시간이 많기 때문에 이때를 잘 활용해야 한다. 이때 주어진 방에서 예배를 드리며 가족들을 치료해 주는 시간을 갖는 것이 좋다. 목사가 고인의 덕을 기리고, 잘 모신 자녀들을 구체적으로 격려하여 준다. 특히 자녀 중 상처가 많은 자들을 잘 터치하여 주고 스스로 회개의 시간을 갖게 하며, 형제끼리 붙잡고 격려하고 용서하는 시간을 갖게 하면 아주 좋다.

여섯째, 장례 이후에 가정에 돌아온 후 가정예배를 드리며 장례식에 나타난 은혜를 나누고 수고를 치하해 주어야 한다.

일곱째, 해가 지나 기일이 되면 하나님께 감사하며 고인을 추모하는 예배를 드리게 한다. 첫해에는 목회자들이 가서 그 순서를 알려 주고 방법을 가르쳐 주는 것이 좋다. 사진을 백합꽃으로 장식하거나 그 앞에 고인이 좋아했던 성경 말씀을 펴 놓고 예쁘게 장식을 해도 좋다. 그리고 고인의 육성이나 동영상을 틀어 자손들이 유언이나 신앙생활의 모습을 듣고, 보게 하며 결단하게 하면 좋다. 그런 것이 남아 있지 않다면 고인을 잘 아는 집안 어른이 고인이 남긴 신앙과 인생의 교훈을 말해 주면 된다. 이렇게 잘 준비해야 할 이유는 가족 중에 있는 불신자 때문이다. 그들은 제사를 드리던 사람들이라 예배만 드리는 것이 너무 허전할 것이다. 잘 장식하고 몇 가지 순서를 넣으면 그들도 추도예배에 반감을 갖지 않고 참여하여 복음을 접하게 된다.

여덟째, 장례 예식은 복음을 전할 수 있는 절호의 기회이므로 잘 준비하여 불신자들로 하여금 의미 있어 하는 장례식이 되게 한다.

세례 예식

인생을 살면서 단 한 번만 할 수 있는 것들이 있다. 돌잔치, 결혼식, 회갑이나 고희 잔치 등등. 신앙생활에 있어도 한 번만 하는 것이 있는데 '세례식'이다. 여기저기서 여러 번 받을 수는 있지만 참 의미를 안다면 세례식은 한 번 갖는 것이 맞다.

세례는 중요하기에 세례 예식을 의미 있게 잘 준비하고 진행해야 한다. 빛가온교회(구. 상계교회)에서는 세례식 참여자부터 교육과 훈련을 통해 엄선한다. 4주간에 걸쳐 새가족학교를 수료하고 마지막에는 담임목사가 본인이 작성한 문답지를 가지고 직접 문답을 한다. 그리고 세례가 무엇인지를 다시 한 번 잘 가르치고 안내해 준다.

세례식 당일에는 금식으로 준비하게 하고, 목욕과 깨끗한 의복으로 몸과 마음을 준비하게 한다. 또한 감사 예물을 준비하게 하고, 주변 지인들을 초청하게 한다. 세례식은 영적인 결혼식이기 때문이다. 결혼식에는 준비가 있고, 예물이 있고, 증인인 하객이 있는 것이 맞지 않겠는가. 예배 한 시간 전에 나와 기도로 준비하고, 세례 예식 리허설도 갖는다.

세례 예식은 주일 저녁예배 때 갖는데, 1부는 예배를 드린다. 찬양대를 세워 구원의 주님을 찬양하고, 예배 전체의 무게감을 높인다. 설교는 구원의 감격과 세례의 의미를 전하여 세례 예식에 참여하는 것은 물론 이미 세례를 받은 온 성도들에게도 다시 한 번 구원의 의미를 되새기며 감사하게 한다.

2부 세례식은 통성기도로 시작하고, 통성기도 후에는 담당 교역자의 안내를 따라 축하 음악에 맞추어 뒤에서 입장한다. 전 교우들은 기립하여 박수로 그들을 맞이한다. 강단 앞으로 인도된 그들에게 문답을 하고 자기 자리에 들어가 앉으면 한 사람씩 호명하여 강단 위로 올라오게 하여 세례를 베푼다. 이때 후견인 두 명을 세워 세례 받는 자의 어깨에 손을 얹고 같이 세례를 주게 되는데, 이는 세례자가 장성한 신앙인이 될 때까지 응원하고 기도해 주겠다는 선언이다. 세례를 받고 일어나면 옆에서 성찬을 행하고, 밑으로 내려가 후견인과 함께 사진 촬영을 한다.

모두에게 세례가 다 베풀어진 후 두 사람을 선정하여 간증하게 하는데, 새가족학교 중 은혜 받은 것부터 예수 믿게 된 과정, 구원의 감격을 나누다 보면 눈물바다가 된다. 간증이 끝나면 세례자 전부를 강단 계단에 세운 후 축복해 주는 시간을 갖는다. 준비한 선물과 꽃다발을 전해 주고, 온 교우들이 일어나 축복송을 불러 주고, 통성으로 중보기도를 해주고 세례 명부에 기입할 것을 선포하고 축도로 예배를 마친다.

예배 후에는 세례를 베푼 목회자와 가족, 동료들과 함께 개별로 사진 촬영을 한다. 이는 다음 주에 나누어 줄 세례 증서에 세례 받는 장면과 축하하는 장면이 담긴 사진을 넣어주기 위함이다.

세례는 한 인생의 BC와 AD가 나누어지는 아주 중요한 것이기에 조금 더 신경 써서 잘 준비하고, 온 교우들과 함께 축하해 주어야 한다.

송구영신예배

송구영신예배는 한 해를 갈무리하고 새해를 여는 매우 중요한 예배다. 매우 중요하다는 것은 그만큼 의미 있는 순서가 필요하다는 것이다.

첫째, 송구영신예배는 미리 준비시켜야 한다. 빛가온교회(구. 상계교회)는 12월에 접어들면 주보에 송구영신예배 준비 광고를 낸다. 기도로 준비하고, 말씀을 사모하게 하고, 송구영신예배 예물과 기도 제목을 준비케 하기 위함이다. 2주 전에는 작년 송구영신예배 때 드린 헌금 봉투를 돌려주며 기도 제목의 응답을 확인하게 하고 다가올 송구영신예배 때 드릴 예물과 기도 제목을 준비케 한다. 또한 교회 행사 목록을 나누어 주며 가장 은혜롭고 기억에 남는 것을 체크하여 제출케 한다.

둘째, 다양한 순서를 준비해야 한다. 빛가온교회(구. 상계교회) 송구영신예배 순서는 다음과 같다. 밤 11시에 모여 찬양을 20분 정도 하고, 10분

동안 지난 1년간의 빛가온교회(구. 상계교회) 10대 뉴스를 영상으로 감상한다. 11시 30분이 되면 예배를 시작한다. 앞부분은 한 해를 뒤돌아보며 감사하는 데 할애한다. 가능하면 12시 정각에 설교를 끝내고 영상을 활용하여 새해를 맞이하는 시간을 갖는다. 모두 일어나 박수로 새해를 맞이하고 '할렐루야' 삼창을 한다. 그리고 새해맞이 찬송을 한 뒤 온 교우들에게 제단에서 시작된 촛불을 점화하여 주는데, 이때 시간에 새해의 의미를 다시 생각하게 하는 시낭송을 한다. 그 후에 촛불을 바라보며 결단의 기도를 하고, 기도 후에는 새해 인사를 나누고 자리에 앉는다. 그 후에 강단으로 나오며 준비된 헌금함에 신년 소원 예물을 드리고, 이어서 강단에 올라와 성만찬을 받게 한다. 성찬을 받으며 준비된 마음으로 강단 중앙에서 축복의 안수례를 받게 한다. 기도를 받을 때도 가족 단위로 나와 함께 무릎을 꿇고 손을 잡고 받게 하면 온 가족이 하나가 되게 하는 효과가 있다. 기도를 받은 후에는 금년에 주실 말씀 카드를 뽑고 자리에 돌아가 각자 기도하고 집에 돌아가게 한다. 이 여러 가지 순서가 물 흐르듯 진행되게 해야 한다. 그렇지 않으면 부산해져서 거룩성이 떨어진다.

셋째, 송구영신예배 후 드린 신년 소원 예물 봉투를 강단 중앙에 비치하고 목회자가 기도해 주는 것이 좋다. 그리고 절기 때마다 기도 제목을 회상하며 기도하게 하고, 응답을 일구기 위해 노력하게 해야 한다.

송구영신예배 후 1월 첫 주에 신년 축복성회를 열어 집중하여 기도하게 하고, 말씀으로 구장하게 하는 것이 좋다. 그러면 새해를 힘차게 시작할 수 있고, 한 해를 멋지게 펼쳐 갈 수 있기 때문이다. 송구영신예배는 그 어떤 예배보다, 목회자 혼자 이끄는 예배가 아니라 모두가 참여하는 예배가 되어야 한다. 그리고 1년 내내 이어져야 한다.

집사, 권사 임명예배

빛가온교회(구. 상계교회)는 매년 1월 첫 주 주일 저녁에 집사, 권사 임명예배를 드린다. 설교는 주로 감독님들이나 감리사님에게 부탁을 드리는데 임명예배를 드리고 나면 "우리 교회도 이렇게 해야겠다"고 말씀하신다. 나름대로 도전이 되는 눈치다.

새로운 집사와 권사를 세우는 일은 매우 중요한 일이다. 직분 자체가 하나님이 주시는 것이기도 하고, 그들이 중요성을 알고 임하면 교회의 분위기가 달라질 뿐 아니라 본인들의 영적 생활도 변화하는 계기를 맞이하기 때문이다. 그래서 나는 장로뿐 아니라 집사, 권사 임명예배도 잘 드려 주려고 힘쓰고 있다.

집사, 권사를 세우는 과정은 다른 교회와 그리 다르지 않다. 기획 위원회에서 공천하고 당회에서 성품 통과를 한다. 그리고 2주간에 걸쳐 교회 내에서 교육하고, 1주는 지방회에서 열리는 임원 교육에 참여시킨다. 교육 중 특징적인 것은 2주간 새벽기도 카드를 주고 새벽에 기도하게 하고, 장로들 중 한 분이 간증을 하게 하는 것이다. 목회자들이 가르치는 것과는 달리 매우 실제적인 직분자의 삶이 쏟아져 나온다. 교육이 끝날 때 집사와 권사 대표 4명을 뽑아 담당 교역자들과 임명예배를 준비하게 한다.

임명예배 당일에는 오후 5시에 모여 리허설을 하는데, 복장도 가지고 있는 것 중 최고의 옷을 입게 하고 축하할 가족들을 참여시키라고 독려한다. 좌석도 따로 구분하고 집사와 권사를 앉힌다.

당일 예배 1부는 말씀의 예전을 갖는다. 교회 권위자를 초청하여 직분이 무엇인지 어떻게 헌신해야 하는지를 듣는다. 2부는 임명식으로 담임목사가 나서는데, 먼저 문답을 하고 그다음 임원 전체가 하는 서약의 시간을 갖는다. 이 서약은 집사, 권사 대표 두 사람이 나와 진행하고, 헌신의 찬송을 한 뒤 자리에 앉는다.

권사 임명부터 하는데 권사들은 강단으로 올라와 무릎을 꿇으면 설교자와 담임목사가 손을 얹어 성부와 성자와 성령의 이름으로 빛가온교회(구. 상계교회) 권사가 되었음을 선포한다. 그리고 준비한 임명 패와 성경책을 담임목사의 아내가 전달하고 축하해 준다. 집사들은 강단 밑에 서 있으면 담임목사 혼자 머리에 손을 얹고 임명을 선포한다. 그리고 동일하게 임명 패와 성경책을 전달한다.

그 후 신천 권사와 집사 1명씩 나와서 간증을 하게 하는데 눈물의 시간이 된다. 그들의 간증을 통해 온 교우들은 직분의 의미를 다시 깨닫게 되고, 주님의 은혜를 공유하게 된다. 간증 시간 후에는 신천 임원들이 준비한 기념품을 교회 관리부장에게 전달하고, 교역자들에게 감사의 선물을 전달하는 시간을 갖는다.

그 후에 임명받은 임원들을 축하하는 시간을 갖는데, 전원이 강단에 나와 계단에 서면 축복송을 부르면서 준비한 꽃다발과 선물들을 전달하게 한다. 선물 전달이 끝난 후에 온 교우들이 일어나 두 손을 내밀어 통성으로 중보기도하고, 임명된 임원들은 다짐의 기도를 한다. 이때도 감격의 눈물을 흘린다. 선 채로 담임목사가 마무리 기도 겸 축복함으로써 임명예배는 끝이 난다. 예배 후에 임명된 임원 개개인은 담임목사와 가족들, 그리고 속회 식구들, 전도해 준 이들과 함께 강단을 배경으로 기념사진을 찍는다.

이 임명예배를 진행함에 있어서 말씀의 예전에서는 엄숙함이, 임명식에서는 감사와 헌신의 다짐이, 축하의 시간에서는 온 가족과 온 교우들과 함께 나누는 경축이 드러나게 하려고 힘쓴다. 이러한 임명예배를 드리고 난 후 신천 임원들은 분명히 다른 마음가짐과 헌신의 태도를 갖게 된다.

예식은 매우 중요하다. 예식은 내용을 담는 그릇이며, 예식을 어떻게 인도하느냐에 따라 중요성이 달라지기 때문이다. 집사, 권사와 같은 직분자들의 임명예배도 의미 있게, 엄숙하게, 기쁘게 잘 드려 주자. 수고한 것보다 훨씬 큰 열매가 나타날 것이다.

결혼 예식

1부 : 하나님께 감사의 예배드리기
찬양대 세우기, 성경적인 결혼에 대한 가르침을 설교하기

2부 : 결혼식
서약, 반지 교환, 맞절, 기도, 선포

3부 : 축하
축하 연주와 친구들이 준비한 이벤트, 양가 부모님께 감사와 축하의 인사하기, 회중에게 감사 인사하기

4부 : 보냄
목사와 양가 부모님이 함께하는 축복 기도, 행군

장례 예식

1. 임종 직전에 예배하며 구원의 유무 확인하고 구원의 확신이 없다면 세례를, 구원의 확신이 있다면 천국 소망으로 재무장시킨다.
2. 임종예배 시, 장례를 잘 안내하며 교회가 돕는다(교회 상조기 세우기, 입관예배, 발인예배, 하관예배 시간을 정해 교회에 알린다).
3. 입관예배 시, 유가족을 위로하고 통성기도를 한다.
4. 발인예배 시, 유가족이 예배에 참여하게 하고 짧고 내실 있게 드린다.

5. 하관예배 후 화장터에서는 시간이 많이 있으므로 주어진 방에서 예배를 드리며 가족들을 치료해 주는 시간을 갖는다.
6. 장례가 끝나고 가정에 돌아온 후, 가정예배를 드리며 장례식에 나타난 은혜를 나누고 수고를 치하해 준다.
7. 해가 지나 기일이 지나면 추도예배를 드리게 한다.
8. 장례 예식은 복음을 전할 수 있는 절호의 기회이므로 잘 준비하여 불신자들로 하여금 의미 있어 하는 장례식이 되게 한다.

송구영신예배

1. 미리 광고하여 예물, 기도, 마음가짐을 준비시킨다.
2. 다양한 순서를 준비한다.
3. 예배 후에는 드린 신년 소원 예물 봉투를 강단 중앙에 비치하고 목회자가 기도해 준다.

집사, 권사 임명예배

1. 2주간의 교육기간 중 새벽에 기도하게 하고, 장로들 중 한 분이 간증을 하게 한다.
2. 교육이 끝날 때 집사와 권사 대표 4명을 뽑아 담당 교역자들과 임명예배를 준비케 한다.
3. 임명예배 당일에는 리허설을 하고 좌석을 구분해서 앉힌다.
4. 당일 예배 1부는 교회 권위자를 초청하여 직분이 무엇이고 어떻게 헌신

해야 하는지 듣는다.

5. 당일 예배 2부는 담임목사가 직접 임명식을 하며, 문답을 하고 서약의 시간을 갖는다.

6. 권사, 집사 임명순으로 하며, 준비한 임명 패와 성경책을 사모가 전달한다.

7. 신천 권사와 집사 1명씩 나와서 간증을 하고, 신천 임원들이 교역자들에게 감사의 선물을 전달한다.

8. 임명받은 임원들을 강단에 나오게 한 뒤 축복송을 부르며 선물을 전달한다.

9. 교우들은 통성으로 중보기도를 하고, 신천 임원은 다짐의 기도를 하며, 담임목사가 축복기도로 예배를 마친다.

Restart의 원리로
미래를 여는 교회

초판 1쇄 발행   2018년 8월 1일

지은이   서길원
발행인   이영훈
주 간   김호성
편집인   김형근
편집장   박인순
기획·편집   강지은
디자인   김한희

펴낸곳   교회성장연구소
등 록   제 12-177호
주 소   서울특별시 영등포구 여의공원로 101 CCMM빌딩 7층 703B호
전 화   02-2036-7928(편집팀)
팩 스   02-2036-7910
쇼핑몰   www.icgbooks.net
홈페이지   www.pastor21.net
페이스북   www.facebook.com/pastor21

ISBN | 978-89-8304-282-8 03230

"무슨 일을 하든지 마음을 다하여 주께 하듯 하라." (골 3:23)

교회성장연구소는 한국의 모든 교회가 건강한 교회성장을 이루어 하나님 나라에 영광을 돌리는 일꾼으로 성장하는 것을 목표로, 목회자의 사역과 성도들의 영적 성장을 도울 수 있는 필독서들을 출간하고 있다. 주를 섬기는 사명감을 바탕으로 모든 사역의 시작과 끝을 기도로 임하며 사람 중심이 아닌 하나님 중심으로 경영한다. "무슨 일을 하든지 마음을 다하여 주께 하듯 하라."는 말씀을 늘 마음에 새겨 하나님께서 주신 사명을 기쁨으로 감당하고 있다.